UN
CONTE DES
MILLE ET UN
JOURS

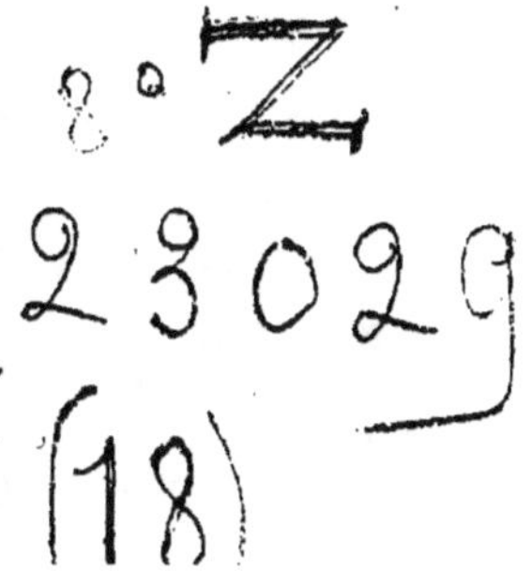

QUATRIÈME ÉDITION

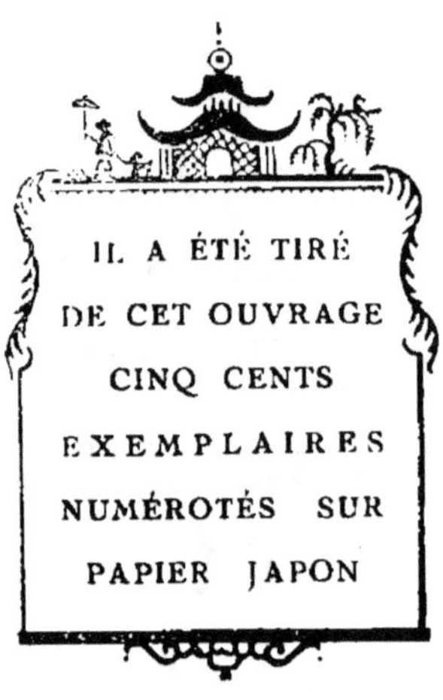

LA DÉCORATION DE L'OUVRAGE A ÉTÉ DESSINÉE
PAR PAUL ZENKER.

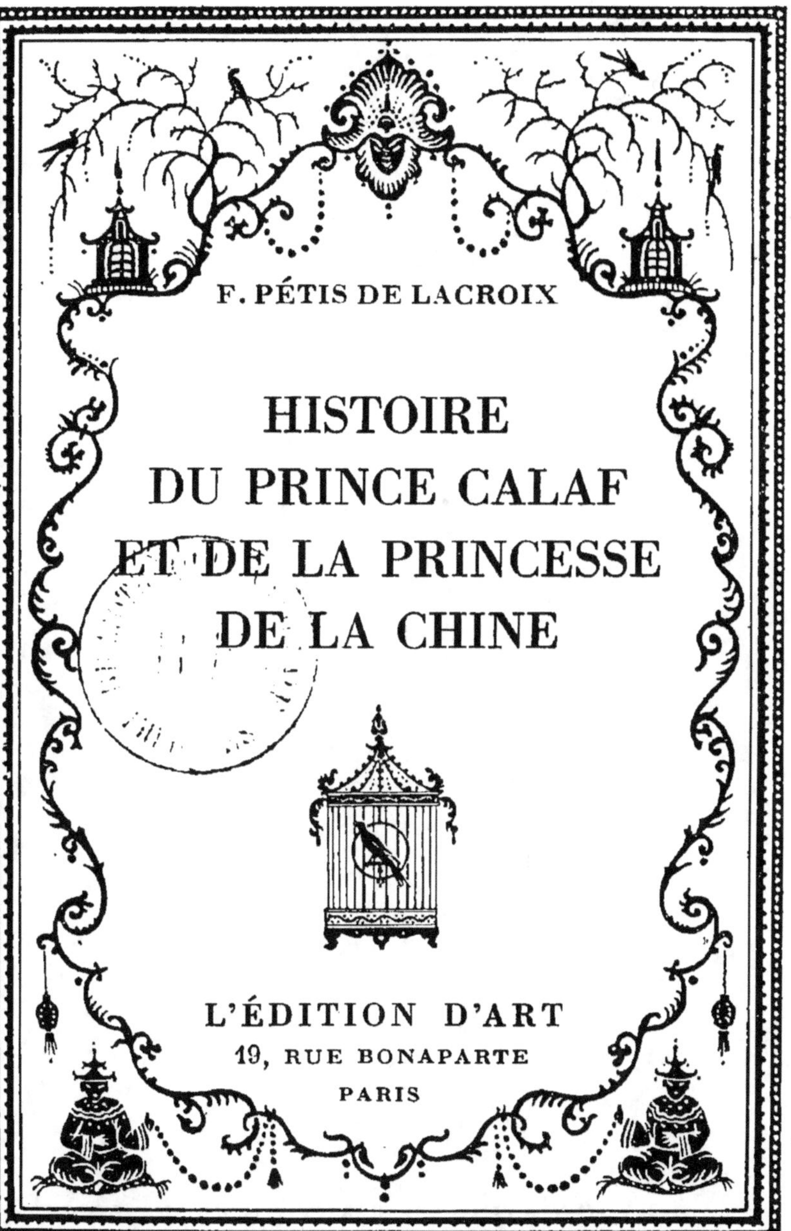

F. PÉTIS DE LACROIX

HISTOIRE
DU PRINCE CALAF
ET DE LA PRINCESSE
DE LA CHINE

L'ÉDITION D'ART
19, RUE BONAPARTE
PARIS

HISTOIRE
DU PRINCE CALAF
ET DE LA PRINCESSE
DE LA CHINE

PREMIER JOUR

Le prince Calaf était fils d'un ancien khan des Tartares Nogaïs. L'histoire de son siècle en fait une glorieuse mention; elle dit qu'il surpassait tous les princes de son temps par sa prestance, son esprit et sa valeur; qu'il était aussi savant que les plus grands docteurs, qu'il perçait le sens mystique des commentaires de

l'Alcoran et savait par cœur les sentences de Mahomet ; enfin elle l'appelle le héros de l'Asie et le phénix de l'Orient.

En effet, ce prince, dès l'âge de dix-huit ans, n'avait peut-être pas son semblable dans le monde ; il était l'âme des conseils de Timurtasch son père. S'il donnait un avis, les ministres les plus consommés l'approuvaient et ne pouvaient assez admirer sa prudence et sa sagesse. S'il s'agissait de faire la guerre, on le voyait à la tête des troupes aller chercher l'ennemi, le combattre et le vaincre. Il avait déjà remporté plusieurs victoires, et les Nogaïs s'étaient rendus si redoutables par leurs heureux succès, que les nations voisines tenaient à se ménager leur amitié.

Les affaires du khan son père étaient dans cette disposition, lorsqu'il vint à sa cour un ambassadeur du sultan de Carizme. Dans l'audience qu'on lui donna, il déclara que son maître prétendait qu'à l'avenir les Tartares Nogaïs lui payassent un tribut tous les ans, sinon il viendrait en personne les y forcer avec deux cent mille hommes, et ôter la couronne et la vie à leur souverain pour le punir de ne s'être pas soumis de bonne grâce. Alors le khan assembla son conseil. On délibéra pour savoir si l'on payerait le tribut plutôt que d'en venir aux mains avec un si puissant ennemi, ou si l'on mépriserait ses menaces. Calaf, et la plupart de ceux qui assistaient au conseil, furent de ce dernier avis, de sorte qu'on congédia l'ambassadeur avec un refus.

Puis on envoya des députés chez les peuples voisins pour leur représenter l'intérêt qu'ils avaient de s'unir avec le khan contre le sultan de Carizme dont l'ambition était excessive, et qui ne manquerait pas d'exiger aussi d'eux le même tribut s'il y pouvait contraindre les Nogaïs. Les députés réussirent dans leurs négociations ; les nations voisines, et entre autres les Circassiens, promirent de se joindre au khan et de lui fournir cinquante mille hommes. Sur cette promesse, outre l'armée que ce prince avait ordinairement sur pied, il leva de nouvelles troupes.

Pendant que ces préparatifs se faisaient chez les Nogaïs, le sultan de Carizme, de son côté, assembla deux cent mille combattants et passa le Jaxartes à Cogende. Il traversa les pays d'Ilac et de Saganac, où il trouva des vivres en abondance, et il s'avança jusqu'à Jund avant que l'armée du khan, commandée par le prince Calaf, pût se mettre en campagne, parce que les Circassiens et les autres troupes auxiliaires n'avaient pu le joindre plus tôt. D'abord que

Calaf eût reçu tous les secours qu'il attendait, il marcha droit à Jund ; mais à peine eut-il passé Jengikunt, que ses coureurs lui rapportèrent que les ennemis approchaient et venaient à lui en bataille. Aussitôt le jeune prince fit faire halte et disposa ses troupes pour le combat.

DEUXIÈME JOUR

Les deux armées étaient à peu près égales en nombre, et les peuples qui les composaient n'étaient pas moins belliqueux les uns que les autres. Aussi le combat fut-il sanglant et opiniâtre. Il commença le matin et dura jusqu'à la nuit. Des deux côtés, les officiers et les soldats s'acquittèrent bien de leur devoir. Le sultan agit pendant l'action comme un guerrier consommé dans le métier des armes, et le prince Calaf fit plus qu'on ne devait attendre d'un si jeune général. Tantôt les Tartares Nogaïs avaient l'avantage, et tantôt ils étaient obligés de céder aux efforts des Carizmiens, de manière que les deux partis, successivement vainqueurs et vaincus, sonnèrent la retraite à l'entrée de la nuit, résolus de recommencer le combat le lendemain. Mais le commandant des Circassiens alla secrètement trouver le sultan et lui promit d'abandonner les Nogaïs, pourvu que par un traité, qu'il jurerait d'observer religieusement, il s'engageât à ne jamais exiger de tribut des peuples de Circassie, sous quelque prétexte que ce fût. Le sultan y consentit, le traité fut fait; le commandant regagna son quartier, et, le jour suivant, lorsqu'il fallut retourner à la charge, on vit tout à coup les Circassiens se détacher de leurs alliés et reprendre le chemin de leur pays.

Cette trahison causa beaucoup de peine au prince Calaf qui, se voyant alors beaucoup plus faible que le sultan, aurait souhaité d'éviter le combat; mais il ne put s'y dérober. Les Carizmiens attaquèrent brusquement, et, profitant du terrain qui leur permettait de s'étendre, ils enveloppèrent de toutes parts les Nogaïs. Ceux-ci cependant, quoique abandonnés de leurs meilleures troupes auxiliaires et environnés d'ennemis, ne perdirent pas courage. Animés par l'exemple de leur prince, ils se serrèrent et soutinrent longtemps les plus vives charges du sultan; ils furent toutefois enfoncés, et alors Calaf, désespérant de remporter la victoire, ne songea plus qu'à échapper à son ennemi. Il choisit quelques escadrons, et, se mettant à leur tête, il se fit jour au travers des Carizmiens. Le sultan, averti de sa retraite, détacha six mille chevaux pour le poursuivre ; mais il trompa leur poursuite en prenant des chemins qui ne leur étaient pas connus ; et enfin il arriva peu de jours après la bataille à la cour de son père, où il répandit la tristesse et la terreur en apprenant le malheur qui lui était arrivé.

Si cette nouvelle affligea Timurtasch, celle qu'on reçut bientôt après acheva de le mettre au désespoir. Un officier, échappé du combat, vint annoncer que le sultan de Carizme avait fait passer au fil de l'épée presque tous les Nogaïs, et qu'il s'avançait à grandes journées, résolu de faire mourir toute la famille du khan et de soumettre la nation à son obéissance. Comme le temps pressait et qu'il fallait éviter de tomber au pouvoir du sultan, le khan, la princesse Elmaze sa femme et Calaf se chargèrent de tout ce qu'il y avait de plus précieux dans leur trésor, et sortirent d'Astracan leur ville capitale, accompagnés de plusieurs officiers du palais qui ne voulurent point les abandonner, et des troupes qui s'étaient fait jour avec le jeune prince au travers des ennemis.

Ils prirent la route de la grande Bulgarie ; leur dessein était d'aller mendier un asile chez quelque prince souverain.

Il y avait plusieurs jours qu'ils étaient en marche, et ils avaient déjà gagné le mont Caucase, lorsque quatre mille brigands, habitans de cette montagne, fondirent soudainement sur eux. Bien que Calaf eût à peine quatre cents hommes, il ne laissa pas de soutenir l'impétuosité des brigands; il en tua même une grande partie; mais il perdit toutes ses troupes et demeura enfin au pouvoir de ces bandits, dont les uns se saisirent des richesses qu'ils trouvèrent, pendant que les autres ôtaient la vie à toutes les personnes qui suivaient le khan. Ils n'épargnèrent que ce prince, sa femme et son fils; encore les laissèrent-ils presque nus au milieu de la montagne.

On ne peut exprimer la douleur de Timur-tasch lorsqu'il se vit réduit à cette extrémité. Il enviait le sort de ceux qui venaient de périr à ses yeux, et, se livrant au désespoir, il voulait se donner la mort. La princesse, de son côté, fondait en pleurs et faisait retentir l'air de plaintes et de gémissemens. Calaf seul avait la force de soutenir le poids d'une si mauvaise fortune; pénétré des maximes de l'Alcoran et des sentences de Mahomet sur la prédestination, il avait une fermeté d'âme inébranlable. L'extrême affliction que le khan et sa femme faisaient éclater était sa plus grande peine.

« O mon père ! ô ma mère ! leur disait-il, ne succombez point à vos malheurs, songez que c'est Dieu qui veut que vous soyez si misérables. Soumettons-nous sans murmure à ses ordres absolus. Sommes-nous les premiers princes que la verge de sa justice ait frappés ? — Je le veux, mon fils, dit le khan, abandonnons-nous à la Providence ; et puisque les maux qui nous environnent sont tracés sur la table fatale, souffrons-les sans nous plaindre. » A ces mots, ce prince, sa femme et son fils, résolus d'avoir de la fermeté dans leur malheur, continuèrent leur chemin à pied : car les voleurs leur avaient ôté leurs chevaux. Ils marchèrent assez longtemps et vécurent des fruits qu'ils trouvèrent dans les vallées ; mais ils s'engagèrent dans un désert où la terre, ne produisant rien dont ils pussent subsister, leur courage s'abattit. Le khan, déjà dans un âge avancé, commençait à sentir que les forces lui manquaient ; et la princesse, fatiguée du chemin qu'elle avait parcouru, pouvait à peine se soutenir ; si bien que Calaf, quoiqu'il fût lui-même assez las, les portait l'un après l'autre pour les soulager. Enfin, accablés tous trois de faim, de soif et de lassitude, ils arrivèrent à un endroit rempli de précipices affreux. C'était une colline très-élevée et entrecoupée de ravins épouvantables, entre

lesquels il paraissait fort dangereux de passer;
et l'on ne voyait pas d'autre chemin pour entrer
dans une vaste plaine qui était au delà; des
deux côtés de la colline, le pays paraissait si
hérissé de ronces et d'épines, qu'on ne pouvait
s'y frayer un passage. Quand la princesse aperçut les abîmes, elle poussa un grand cri, et
le khan perdit enfin courage. « C'en est fait,
dit-il au prince son fils, je cède à mon mauvais
destin, je succombe à tant de peines : je vais
me précipiter moi-même dans un de ces gouffres
profonds que le ciel sans doute m'a réservé pour
tombeau; je veux m'affranchir de la tyran-
nie de mon infortune; j'aime mieux la mort
qu'une vie si pénible. »

TROISIÈME JOUR

 Le khan, se laissant entraîner au
mouvement furieux qui l'agitait,
allait se jeter dans un précipice,
lorsque le prince Calaf le prit entre
ses bras et le retint. « Ah! mon père, lui dit-il,
que voulez-vous faire? A quel transport vous
abandonnez-vous? Rentrez en vous-même. Au
lieu de marquer une impatience rebelle aux
volontés du Ciel, tâchons de mériter par notre

2

constance qu'il nous regarde d'un œil plus favorable. Peut-être y a-t-il quelque chemin pour
entrer dans la plaine : permettez-moi de le
chercher. Vous cependant, seigneur, calmez la
violence de vos sentimens et demeurez ici avec
la princesse ; je serai bientôt de retour. »

Le jeune prince parcourut toute la colline
sans découvrir aucun chemin. Il en fut fort
affligé ; il se prosterna, gémit et implora le secours du Ciel. Il se leva ensuite et chercha de
nouveau quelque sentier qui conduisît à la
plaine ; enfin il en trouva un. Il le suivit en
rendant grâces à Dieu ; il s'avança jusqu'au
pied d'un arbre qui était à l'entrée de la plaine
et qui couvrait de son ombre une fontaine d'une
eau pure et transparente. Il aperçut aussi
d'autres arbres chargés de fruits d'une grosseur
surprenante. Charmé de cette découverte, il
courut en donner avis à son père et à sa mère,
qui reçurent cette nouvelle avec d'autant plus
de joie qu'ils jugèrent par là que le Ciel commençait de prendre en pitié leur misère. Calaf
les conduisit à la fontaine, où ils se lavèrent
tous trois le visage et les mains, et soulagèrent
l'ardente soif qui les dévorait. Ensuite ils mangèrent des fruits que le jeune prince alla cueillir
et qui, dans le pressant besoin qu'ils avaient de
nourriture, leur parurent excellens.

Ils demeurèrent près de la fontaine deux ou trois jours à se reposer et à réparer leurs forces. Après quoi, ils se chargèrent de fruits et s'avancèrent dans la plaine, espérant qu'elle les conduirait à quelque lieu habité. Ils ne se flattèrent pas d'une fausse espérance; ils aperçurent bientôt au-devant d'eux une ville qui leur parut grande et superbement bâtie. Quand ils furent arrivés aux portes, ils s'arrêtèrent pour attendre la nuit, ne voulant point entrer dans la ville pendant le jour, couverts de sueur et de poussière et presque nus. Ils s'assirent sous un arbre qui répandait beaucoup d'ombre, et s'étendirent sur l'herbe. Il y avait déjà quelque temps qu'ils se reposaient en cet endroit, lorsqu'un vieillard, sorti de la ville, vint sous le même arbre prendre le frais et s'assit auprès d'eux après leur avoir fait un profond salut. Ils se mirent à leur séant pour le saluer à leur tour, et ensuite ils lui demandèrent comment se nommait cette ville. « Elle s'appelle Jaïk, répondit le vieillard, c'est la capitale du pays où le fleuve Jaïk a sa source. Le roi Ilenge-Khan y fait son séjour. Il faut que vous soyez bien étrangers pour me faire cette question. — Oui, dit le khan, nous sommes d'un pays assez éloigné d'ici. Nous avons pris naissance dans le royaume de Carizme, et nous demeurons sur les bords de la mer Caspienne : nous nous occupons de négoce. Nous allions avec plusieurs autres marchands dans le Captchac : une troupe de voleurs est venue attaquer notre caravane et l'a pillée. Ils nous ont laissé la vie, mais ils nous ont réduits à l'état où vous nous voyez. Nous avons traversé le mont Caucase, et nous sommes venus jusqu'ici sans savoir où nous portions nos pas. »

Le vieillard, qui était un homme fort compatissant, leur témoigna qu'il était sensible à leur malheur; et pour mieux le leur persuader, il leur offrit sa maison. Il leur fit cette offre de si bonne grâce, qu'ils ne purent se défendre de l'accepter. Il les mena donc chez lui dès que la nuit fut venue. Le vieillard en entrant donna quelques ordres tout bas à un de ses esclaves, qu'on vit revenir peu de temps après suivi de deux garçons marchands, dont l'un portait un gros paquet d'habits d'hommes et de femmes tout faits, et l'autre était chargé de toutes sortes de voiles, de turbans et de ceintures. Le prince Calaf et son père prirent chacun un caftan de drap et une veste de brocart avec un turban de toile des Indes, et la princesse un habillement de femme aussi complet. Après cela, l'hôte paya les marchands, les renvoya et demanda à souper. Deux esclaves dressèrent aussitôt une table avec un buffet couvert de porcelaines, de plats de bois de santal et d'aloès' et de plusieurs coupes de corail, parfumées avec de l'ambre gris. Ils servirent un excellent chourva, accompagné de deux assiettes d'œufs d'esturgeon. Le khan, sa femme et Calaf se mirent à table avec le vieillard et mangèrent de ces mets, auxquels succédèrent un pâté de gazelle, un grand plat de pilau en pyramide dans lequel il y avait trois francolins dépecés par morceaux. Un plat de tziberica, excellent poisson du Volga, et deux d'esturgeon furent ensuite apportés, et une grillade de cuisse de cavale fut le dernier service. Après quoi, ils burent trois grandes bouteilles de cammez et de l'eau-de-vie de dattes.

QUATRIÈME JOUR

Le vieillard, échauffé par les liqueurs qu'il avait bues, se mit en belle humeur et fit tous ses efforts pour inspirer de la joie à ses hôtes; mais, s'apercevant qu'il n'y pouvait parvenir et qu'ils paraissaient toujours préoccupés de leur malheur : « Je vois bien, leur dit-il, que je m'efforce inutilement de détourner votre esprit de l'accident qui vous est arrivé; vous en rappelez sans cesse le souvenir. Cependant permettez-moi de vous représenter qu'au lieu de vous abandonner à ces tristes images, vous devriez tâcher de les bannir de votre mémoire. Consolez-vous de la perte des biens que des voleurs vous ont enlevés. L'aventure qui vous afflige n'est pas nouvelle. Les voyageurs et les négocians l'éprouvent tous les jours. J'ai moi-même, en ma jeunesse, été volé sur le chemin de Moussel à Bagdad. Des voleurs me prirent des biens considérables, et je pensai perdre la vie. Je me trouvai dans la situation où vous êtes, et je ne laissai pas de me consoler. Il était pourtant bien désagréable pour un homme de ma condition de me voir réduit à la mendicité. Il faut que je vous raconte mon histoire, elle vous sera peut-être de quelque utilité : le récit de mes malheurs pourra vous encourager à soutenir les vôtres. »

Ceci dit, le bon vieillard ordonna à ses esclaves de se retirer, puis il parla dans ces termes :

HISTOIRE
DU PRINCE FADLALLAH,
FILS DE BIN-ORTOC,
ROI DE MOUSSEL

Je suis fils du roi de Moussel, du grand Bin-Ortoc. Aussitôt que je fus parvenu à la vingtième année de mon âge, mon père voulut me marier. Il fit présenter à ma vue un grand nombre de jeunes esclaves, parmi lesquelles il y en avait de fort belles. Je les regardai toutes avec indifférence; pas une qui fît sur moi la moindre impression. Elles s'en aperçurent, elles en rougirent et se retirèrent pleines de dépit. Mon père fut aussi surpris de mon insensibilité ; il ne l'avait pas prévue : au contraire, il avait cru que, frappé à la fois de plusieurs beautés différentes, j'aurais de la peine à faire un choix. Je lui dis que je ne me sentais pas de goût pour le mariage, que cela venait peut-être de ce que j'avais une extrême envie de voyager, que je le conjurais de m'accorder la permission d'aller seulement à Bagdad, et qu'à mon retour je pourrais sans doute me déterminer à prendre femme. Il ne voulut pas me contraindre ; il me permit de faire un voyage à Bagdad, et, pour paraître en fils de roi dans cette grande ville, il ordonna qu'on me fît un magnifique équipage. Il ouvrit ses trésors et on en tira la charge de quatre chameaux de pièces d'or. Il me donna des officiers de sa maison pour me servir, avec cent soldats de sa garde pour m'escorter.

Je partis donc de Moussel avec ce nombreux cortège pour aller à Bagdad. Il ne nous arriva point d'accident les premières journées ; mais, une nuit, pendant que nous reposions dans une prairie où nous étions campés, nous fûmes attaqués si brusquement, et par un si grand nombre d'Arabes bédouins, que la plupart de mes gens furent égorgés avant même que je connusse tout le péril où je me trouvais. Je me mis en défense avec ce qui me restait de gardes et d'officiers de la maison de mon père. Nous chargeâmes les Bédouins avec tant de furie, qu'il en tomba sous nos coups plus de trois cents. Le jour étant survenu, les brigands qui nous tenaient enveloppés, honteux et irrités de notre opiniâtre résistance, redoublèrent leurs efforts, et nous eûmes beau combattre en dé-sespérés, ils nous accablèrent. Enfin il fallut céder à la force ; ils nous ôtèrent nos armes et nos habits, et, au lieu de nous réduire en escla-vage, ils voulurent venger la mort de leurs compagnons : ils furent assez lâches et assez barbares pour faire passer sous le sabre des hommes qui ne pouvaient plus se défendre. Tous mes gens périrent, et j'allais avoir le même sort, lorsque, me faisant connaître aux voleurs : « Arrêtez, leur dis-je, respectez le sang des rois. Je suis le prince Fadlallah, le fils unique de Bin-Ortoc, roi de Moussel, et l'héri-tier de ses États. — Je suis bien aise, me dit alors le chef des Bédouins, d'apprendre qui tu es. Il y a longtemps que nous haïssons mortel-lement ton père ; il a fait pendre plusieurs de nos camarades qui sont tombés entre ses mains : tu seras traité de la même manière. »

En effet, il me fit lier ; et les voleurs, après s'être saisis de mon équipage, me menèrent

avec eux au pied d'une montagne entre deux
forêts, où une infinité de petites tentes grises
étaient dressées. C'était là leur retraite. On me
mit sous la tente du chef, qui s'élevait au milieu des autres, et paraissait beaucoup plus
grande. On me garda un jour entier, après quoi
on m'attacha à un arbre, où, en attendant la
mort lente qui devait venir borner mes jours,
j'avais le chagrin de me voir environné de tous
ces bandits qui m'insultaient et prenaient plaisir à m'outrager.

CINQUIÈME JOUR

Il y avait déjà longtemps que j'é-
tais lié à l'arbre, et le dernier moment de ma vie n'était pas éloigné,
quand un espion vint avertir le
chef des Bédouins qu'il y avait un beau coup
à faire à sept lieues de là, qu'une grosse caravane devait camper la nuit prochaine dans un
certain endroit qu'il nomma. Ce chef ordonna
aussitôt à ses compagnons de se préparer à
partir, ce qui fut fait en peu de temps. Ils
montèrent tous à cheval, et me laissèrent dans
leur retraite, ne doutant point qu'à leur retour
ils ne me trouvassent sans vie. Cependant le
Ciel, qui rend inutiles toutes les résolutions des

hommes lorsqu'elles ne s'accordent pas avec ses desseins, ne voulait pas que je périsse aussitôt. La femme du chef des voleurs eut pitié de moi; elle vint pendant la nuit auprès de l'arbre où j'étais attaché, et me dit : « Jeune homme, je suis touchée de ton malheur, et je voudrais te tirer du danger où tu es; mais si je te déliais et te mettais en liberté, aurais-tu encore assez de force pour te sauver? — Oui, lui répondis-je; comme c'est Dieu qui vous a inspiré ce mouvement charitable, il me prêtera des forces pour marcher. » Cette femme m'ôta mes liens, me donna un vieux caftan de son mari avec deux ou trois pains, et, me montrant un sentier : « Va par là, me dit-elle, suis cette route, et tu arriveras à un lieu habité. » Je remerciai ma libératrice, et marchai toute la nuit sans m'écarter du chemin qu'elle m'avait enseigné.

Le lendemain, j'aperçus un homme à pied qui chassait devant lui un cheval chargé de deux gros ballots. Je le joignis, et, après lui avoir dit que j'étais un malheureux étranger qui ne connaissait point le pays et s'était égaré, je lui demandai où il allait. « Je vais, répondit-il, vendre des marchandises à Bagdad où j'arriverai dans deux jours. » J'accompagnai cet homme : je ne le quittai qu'en entrant dans

cette grande ville; il alla où ses affaires l'appe-
laient, et moi je me retirai dans une mosquée où
je demeurai deux jours et deux nuits. J'avais
peu d'envie d'en sortir; je craignais de rencontrer des gens de Moussel qui me reconnussent.
J'avais tant de honte de me voir dans la situation où j'étais, que, bien loin de découvrir ma
condition, j'aurais voulu me la cacher à moi-
même. La faim toutefois m'ôta une partie de
ma honte, ou, pour mieux dire, il me fallut
céder à cette nécessité qui nous entraîne tous.
Je me résolus à mendier mon pain comme un
misérable, en attendant de trouver un meilleur
parti.

Je me présentai devant une fenêtre basse
d'une grande maison, et je demandai l'aumône
d'un ton de voix élevé. Une vieille esclave parut presque aussitôt avec un pain à la main
qu'elle voulut me donner. Dans le temps que
je m'avançais pour le prendre, le vent par hasard leva le rideau de la fenêtre et me laissa
voir dans la salle une jeune dame d'une beauté
surprenante; son éclat frappa ma vue comme
un éclair; j'en fus tout ébloui. Je reçus le pain
sans songer à ce que je faisais, et je demeurai
immobile devant la vieille esclave, au lieu de
lui rendre les grâces que je lui devais. J'étais
si surpris, si troublé, si éperdu d'amour, qu'elle

me prit sans doute pour un insensé ; elle dis-
parut et me laissa dans la rue, occupé à regarder inutilement la fenêtre, car le vent ne leva
plus le rideau. Je passai pourtant le reste de la
journée à attendre un second coup de vent favorable. Quand je vis que la nuit s'approchait,
je songeai à me retirer ; mais, avant que de
m'éloigner de cette maison, je demandai à un
vieillard qui passait s'il ne savait pas à qui elle
appartenait. « C'est, répondit-il, la maison du
seigneur Mouaffac, fils d'Adbane : c'est une
personne de qualité, qui de plus est riche et
homme d'honneur. Il n'y a pas longtemps qu'il
était gouverneur de cette ville, mais, à la suite
de dissentimens avec le cadi, celui-ci trouva
moyen de le perdre dans l'esprit du calife et de
lui faire ôter son gouvernement. »

En rêvant à cette aventure, je sortis insensiblement de la ville et j'entrai dans un grand
cimetière, résolu d'y passer la nuit. Je man-
geai mon pain avec peu d'appétit, ensuite je
me couchai près d'un tombeau, la tête ap-
puyée sur un monceau de briques. J'eus de
la peine à m'endormir ; la fille de Mouaffac
agitait terriblement mes sens, son image charmante échauffait mon imagination. Je m'as-
soupis pourtant malgré les idées qui m'occupaient, mais mon sommeil ne fut pas de longue

durée : un grand bruit qui se faisait entendre dans le tombeau me réveilla bientôt.

SIXIÈME JOUR

Effrayé de ce bruit dont je ne savais pas la cause, je me levais pour prendre la fuite, quand deux hommes qui étaient à l'entrée du tombeau, m'ayant aperçu, m'arrêtèrent et me demandèrent qui j'étais et ce que je faisais dans ce cimetière. « Je suis, leur dis-je, un malheureux étranger que l'infortune réduit à subsister d'aumônes, et je suis venu passer ici la nuit parce que je n'ai point de logement dans la ville. — Puisque tu es un mendiant, me dit un de ces deux hommes, remercie le Ciel de nous avoir rencontrés ; nous allons te faire faire bonne chère. » En disant cela, ils m'entraînèrent dans le tombeau où quatre de leurs camarades mangeaient de grosses raves et des dattes, et vidaient de grandes cruches d'eau-de-vie.

Ils me firent asseoir auprès d'eux, autour d'une longue pierre qui leur servait de table, et je fus obligé de manger et de boire par complaisance. Je les soupçonnai d'abord d'être ce qu'ils étaient, c'est-à-dire des voleurs, et ils me confirmèrent bientôt par leurs discours dans mes soupçons. Ils commencèrent à s'entretenir d'un vol considérable qu'ils venaient de faire, et, s'imaginant que ce serait un grand plaisir pour moi que d'entrer dans leur compagnie, ils m'en firent la proposition, ce qui me jeta dans un terrible embarras. Je ne savais ce que je devais leur répondre, quand tout à coup je me vis tiré de cette peine. Le lieutenant du cadi, accompagné de vingt ou trente asas bien armés, entra dans le tombeau, se saisit des voleurs et de moi, et nous mena tous en prison où nous passâmes le reste de la nuit. Le jour suivant, le cadi vint interroger les prisonniers. Les voleurs confessèrent leur crime, parce qu'ils virent bien qu'il leur serait inutile de le nier ; pour moi, je contai au juge de quelle manière je les avais rencontrés ; et, comme ils assurèrent la même chose, on me fit mettre à part. Ensuite, il vint à moi et me demanda ce que j'étais allé faire dans le cimetière où j'avais été pris, et comment je passais le temps à Bagdad. Je répondis à ses questions avec beaucoup de sincérité, excepté que je ne lui découvris pas ma naissance. Je lui rendis surtout un compte exact de toutes mes démarches, et même je lui contai que, le jour précédent, m'étant présenté devant une fenêtre de la maison de Mouaffac pour demander l'aumône, j'avais vu par hasard une jeune dame qui m'avait charmé.

Au nom de Mouaffac, je vis les yeux du cadi s'animer. Ce juge demeura quelques momens à rêver, ensuite il prit un air gai et me dit : « Jeune homme, il ne tiendra qu'à toi de posséder la dame que tu as vue hier. C'est sans doute la fille de Mouaffac, car on m'a dit qu'il a une fille d'une beauté parfaite. Quand tu serais le dernier des hommes, je te ferai arriver au comble de tes vœux. Tu n'as qu'à me laisser faire, je vais travailler à ta fortune. » Je le remerciai sans pénétrer le dessein qu'il méditait, et je suivis l'aga de ses eunuques noirs, qui par son ordre me fit sortir de prison et me mena au hamman.

Pendant que j'y étais, le juge envoya deux tchaoux chez Mouaffac, pour lui dire qu'il souhaitait de lui parler pour l'entretenir d'une affaire de la dernière conséquence. Mouaffac vint avec les tchaoux. Dès que le cadi l'aperçut, il alla au-devant de lui, le salua et l'embrassa à plusieurs reprises. Mouaffac fut assez étonné de cette réception. « Seigneur Mouaffac, lui dit le juge, le Ciel ne veut pas que nous demeurions plus longtemps ennemis. Il nous offre une occasion d'éteindre cette haine qui sépare depuis quelques années votre famille et la mienne. Le prince de Basra arriva hier au soir à Bagdad. Il est parti de Basra sans prendre congé du roi son père. Il a ouï parler de votre fille, et, sur le portrait qu'on lui en a fait, il en est devenu si amoureux qu'il a pris la résolution de vous la demander en mariage. Il veut que ce soit par mon entremise que cette union se forme, ce qui m'est d'autant plus agréable que c'est un moyen de me réconcilier avec vous. — Je suis étonné, lui répondit Mouaffac, que le prince de Basra songe à me faire l'honneur d'épouser Zemroude ma fille, et que ce soit vous qui m'annonciez cette nouvelle, vous qui vous êtes toujours montré si ardent à me nuire. — Ne parlons plus du passé, seigneur Mouaffac, reprit le cadi; oublions, de grâce, tout ce que nous avons fait mutuellement l'un contre l'autre, en faveur des circonstances qui vont lier à votre fille le prince de Basra; vivons le reste de nos jours en bonne intelligence. »

Mouaffac était naturellement aussi bon que le juge était mauvais. Il se laissa tromper au faux témoignage d'amitié que son ennemi lui donnait. Il étouffa sa haine en ce moment et se livra sans défiance aux caresses perfides du cadi. Ils s'embrassaient tous deux en se jurant l'un à l'autre une inviolable amitié, lorsque j'entrai dans la chambre où ils étaient, conduit par l'aga qui m'avait fait prendre au sortir du bain une belle robe, avec un turban de mousseline des Indes, dont le bout de toile d'or pendait jusque sur mon oreille. « Grand prince, me dit le cadi dès qu'il m'aperçut, bénis soient vos pieds et votre arrivée à Bagdad; puisque vous avez bien voulu venir loger chez moi, quelle langue pourrait vous marquer toute la reconnaissance que j'ai d'un si grand honneur? Voilà le seigneur Mouaffac, que j'ai informé du sujet de votre voyage en cette ville. Il consent de vous donner sa fille, qui est belle comme un astre, pour en faire votre légitime épouse. » Mouaffac me fit alors une profonde révérence, et me dit : « O fils de grand! je suis confus de l'honneur que vous souhaitez de faire à ma fille. Elle se trouverait assez heureuse d'être l'esclave d'une des princesses de votre sérail. »

Jugez dans quel étonnement me jetèrent ces discours, auxquels je ne savais que répondre; je saluai Mouaffac sans lui rien dire; mais le cadi me voyant troublé, et craignant que je ne fisse quelque réponse qui renversât son projet, se hâta de prendre la parole : « Il faut, dit-il, que le contrat de mariage se fasse tout à l'heure en présence de bons témoins. » En parlant ainsi, il ordonna à son aga d'aller chercher des témoins, et pendant ce temps-là il dressa le contrat.

Quand l'aga eut amené des témoins, on lut devant eux le contrat que je signai. Mouaffac le signa aussi, et ensuite le cadi qui y mit la dernière main. Alors le juge renvoya les témoins et dit à Mouaffac : « Vous savez que les affaires des grands ne se font pas comme celles des autres hommes, il faut du secret et de la diligence. Conduisez ce prince à votre maison, il est présentement votre gendre ; donnez vos ordres pour la consommation du mariage, et ayez soin que tout se fasse comme il faut. »

Je sortis de chez le cadi avec Mouaffac. Nous trouvâmes à la porte deux beaux mulets très-richement enharnachés qui nous attendaient, et sur lesquels le juge nous fit monter avec d'assez grandes cérémonies. Mouaffac me mena chez lui, et, lorsque nous fûmes entrés dans sa cour, il descendit le premier et, d'un air fort respectueux, se présenta pour me tenir l'étrier, ce que je fus obligé de souffrir. Après cela, il me prit par la main et me fit monter à l'appartement de sa fille, où il me laissa seul avec elle, aussitôt qu'il l'eut instruite de ce qui s'était passé chez le cadi.

Zemroude, persuadée que son père venait de
la marier avec le prince de Basra, me reçut
comme un mari qui devait un jour la placer
sur le trône; et moi, le plus content et le plus
amoureux des hommes, je passai la journée
aux pieds de cette jeune dame à qui je tâchai,
par des manières tendres et complaisantes, de
donner un peu de goût pour moi. Je m'aperçus
bientôt que je ne perdais pas mon temps, et
que ma jeunesse et mon amour faisaient sur
elle quelque impression.

Mouaffac, pour célébrer les noces de sa fille,
fit préparer un grand repas où se trouvèrent
plusieurs personnes de sa famille. La mariée y
parut plus brillante et plus belle que les houris.
Les sentimens que je lui avais déjà inspirés
semblaient ajouter un nouvel éclat à sa beauté.

Le repas fut suivi de danses et de concerts;
plusieurs jolies esclaves commencèrent à danser, à chanter et à jouer de toutes sortes d'instrumens. Tandis que la compagnie était
occupée à les regarder et à les entendre, je vis
disparaître la mariée avec sa mère. Quelque
temps après, Mouaffac vint me prendre par la
main et me conduisit à un fort bel appartement. Nous entrâmes dans une chambre très-
richement meublée, où il y avait un grand lit
de brocart d'or, autour duquel on voyait des

bougies de cire parfumée qui brûlaient dans des flambeaux d'argent. Zemroude, que sa mère et deux esclaves venaient de déshabiller, y était déjà couchée. Mouaffac, sa femme et les esclaves se retirèrent et me laissèrent dans cette chambre, où, après avoir rendu grâces au Ciel de mon bonheur, j'ôtai mes habits et me mis au lit auprès de la personne que j'aimais plus que ma vie.

Le lendemain matin, j'entendis frapper à la porte de ma chambre. Je me levai, j'allai ouvrir; c'était l'aga noir qui portait un gros paquet de hardes. Je m'imaginai que c'était le cadi qui nous envoyait, à ma femme et à moi, deux robes d'honneur; mais je me trompais. « Seigneur aventurier, me dit le nègre d'un air railleur, le cadi vous salue et vous prie de lui rendre l'habit qu'il vous prêta hier pour faire le prince de Basra; je vous rapporte votre vieille robe et vos haillons, vous pouvez reprendre vos habits naturels. » Je fus assez surpris de ce compliment. Je connus alors toute la malice du cadi; je remis entre les mains de l'aga le turban et la robe de son maître, et repris mon vieux caftan qui était tout déchiré. Zemroude avait entendu une partie du discours du nègre, et, me voyant couvert de lambeaux : « O ciel! dit-elle, que signifie ce changement, et qu'est-ce que cet homme vient de vous dire? — Ma princesse, lui répondis-je, le cadi est un grand scélérat, mais il est dupe de sa malignité. Il croit vous avoir donné pour époux un misérable né dans la plus obscure condition, et c'est avec un prince que vous êtes mariée. Je ne suis point au-dessous du mari dont vous vous imaginez avoir reçu la main; le rang du prince de Basra n'est pas au-dessus du mien. Je suis fils unique du roi de Moussel, l'héritier du grand Bin-Ortoc, et Fadlallah est mon nom. » En même temps, je lui contai mon histoire, sans en supprimer la moindre circonstance. Lorsque j'eus achevé le récit : « Mon prince, me dit-elle, quand vous ne seriez pas le fils d'un grand roi, je ne vous en aimerais pas moins. Toute mon ambition est d'avoir un mari qui m'aime uniquement et qui ne me fasse pas le déplaisir de me donner des rivales. »

Je ne manquai pas de lui protester que je l'aimerais toute ma vie. Elle me parut charmée de cette assurance; elle appela une de ses femmes et lui donna ordre d'aller secrètement et en diligence chez un marchand, acheter un habit d'homme tout fait et des plus riches. L'esclave qui fut chargée de cette commission s'en acquitta comme on le souhaitait; elle revint promptement, chargée d'une robe et

d'une veste magnifiques, avec un turban de
mousseline des Indes aussi beau que l'autre,
de sorte que je me trouvai en un instant encore
plus richement vêtu qu'auparavant. « Hé bien !
seigneur, me dit alors Zemroude, croyez-vous
que le cadi ait grand sujet de s'applaudir de
son ouvrage ? Il a voulu faire un affront à ma
famille, et il lui a procuré un honneur immortel.
Quel sera son chagrin lorsqu'il apprendra qu'il
a si bien servi ses ennemis ! Mais avant que de
lui faire connaître qui vous êtes, il faut punir
sa mauvaise intention. Je me charge de ce
soin-là. Je sais qu'il y a dans cette ville un teinturier qui a une fille d'une laideur effroyable...
Je ne veux pas vous en dire davantage, ajouta-
t-elle en se reprenant, il faut vous laisser le
plaisir de la surprise. Qu'il vous suffise de
savoir que je médite un projet de vengeance
qui mettra le cadi au désespoir et le rendra la
fable de la cour et de la ville. »

HUITIÈME JOUR

Je croyais ce juge assez puni de
m'avoir donné pour gendre à Mouaffac, et j'aurais souhaité qu'on se
fût contenté de lui découvrir ma
condition ; mais Zemroude paraissait avoir un

désir extrême de se venger. Elle prit de simples habits, mais propres ; et, après s'être couvert le visage d'un voile épais, elle me demanda permission de sortir : je la lui accordai. Elle sortit toute seule, se rendit à l'hôtel du cadi et se tint debout dans un coin de la salle où ce juge donnait audience tant aux musulmans qu'aux infidèles.

Il ne l'eut pas plutôt aperçue, que, frappé de son port majestueux, il lui envoya demander par un exempt qui elle était et ce qu'elle désirait. Elle répondit qu'elle était fille d'un artisan de la ville et qu'elle souhaitait d'entretenir le cadi d'une affaire secrète. L'exempt ayant porté cette réponse au cadi, ce juge, qui aimait naturellement le beau sexe, fit signe à Zemroude d'approcher et d'entrer dans un cabinet qui était à côté de son tribunal. Elle obéit en faisant une profonde inclination de tête ; elle s'assit sur un sopha et leva son voile. Le cadi la suivit, se mit auprès d'elle et fut surpris de sa beauté. « Hé bien ! ma chère enfant, lui dit-il, qu'y a-t-il pour votre service ? — Seigneur, lui répondit-elle, vous qui avez le pouvoir de faire observer les lois et qui rendez justice aux pauvres comme aux riches, soyez, je vous prie, attentif et sensible à mes plaintes, ayez pitié de la triste situation où je me trouve. — Explique-moi ton affaire, reprit le cadi déjà tout ému ; je jure sur ma tête et sur mes yeux que je ferai pour toi le possible et l'impossible. »

Alors Zemroude ôta son voile entièrement et, montrant au juge de beaux cheveux de couleur de musc qui flottaient par boucles sur ses épaules : « Voyez, monseigneur, lui dit-elle, si cette chevelure est désagréable ; examinez, de grâce, mon visage, et dites-moi sans façon ce que vous en pensez. — Par le sacrifice du mont Arafate, s'écria-t-il, je n'aperçois en vous aucun défaut ; votre front ressemble à une lame d'argent, vos sourcils à deux arcs, vos joues à des roses, vos yeux à deux pierres précieuses qui jettent un éclat éblouissant, et l'on prendrait votre bouche pour une boîte de rubis qui renferme un bracelet de perles. »

La fille de Mouaffac ne s'en tint pas là ; elle se leva de dessus le sopha et fit quelques pas dans le cabinet en se donnant de bons airs : « Regardez ma taille, monseigneur, disait-elle, considérez-la bien ; y trouvez-vous quelque chose d'irrégulier ? n'est-elle pas libre et dégagée ? Ai-je les manières contraintes, le geste embarrassé ? Qu'y a-t-il de choquant dans ma démarche ? — Je suis enchanté de toute votre personne, répliqua le juge, je n'ai jamais rien vu de si beau que vous. — Et que vous semble de mes bras, reprit-elle en les découvrant, ne sont-ils pas assez blancs et assez ronds? — Ah! cruelle, interrompit en cet endroit le cadi transporté d'amour, tu me fais mourir! Si tu as d'autres choses à me dire, parle vite, car la raison m'abandonne et je ne puis plus soutenir ta vue.

— Vous saurez donc, monseigneur, reprit Zemroude, que, malgré les attraits dont le Ciel m'a pourvue, je vis dans l'obscurité d'une maison interdite non seulement à tous les hommes, mais aux femmes mêmes, qui pourraient par leurs discours me donner quelque consolation. Ce n'est pas qu'il ne se soit présenté souvent des partis pour moi, et il y a longtemps que je serais mariée si mon père n'avait eu la cruauté de me refuser à tous ceux qui m'ont demandée en mariage. Il dit aux uns que je suis plus sèche que du bois, et aux autres que je suis bouffie; à celui-ci, que je suis boiteuse et manchote; à celui-là, que j'ai perdu l'esprit; j'ai un cancer au dos, je suis hydropique et couverte de gale. Enfin il me fait passer pour une créature indigne de la compagnie des hommes, et il m'a si fort décriée qu'il m'a rendue l'opprobre du genre humain : personne ne me recherche plus, et je suis condamnée à un

éternel célibat. » En achevant ces paroles, elle
fit semblant de pleurer et joua son personnage
avec tant d'art, que le juge s'y laissa tromper.
« Et quel est donc, dit-il, le dessein de votre
père? Parlez, mon ange, pourquoi ne veut-
il pas vous marier? — Je n'en sais rien, seigneur, repartit Zemroude en redoublant ses
fausses larmes, j'ignore quelles peuvent être
ses intentions; mais je vous avouerai que ma
patience est à bout : je ne puis plus vivre dans
l'état où je suis. J'ai trouvé moyen de sortir
de chez mon père; je me suis échappée pour
venir me jeter entre vos bras et implorer votre
secours : ayez donc la bonté, monseigneur, d'in-
terposer votre autorité pour me faire rendre
justice, ou je ne réponds plus de ma vie. Je me
frapperai moi-même de mon propre cangiar, et
je me tuerai pour mettre fin à mes souffrances. »

NEUVIÈME JOUR

Zemroude, par ces derniers mots,
acheva de renverser la cervelle au
cadi. « Non, non, dit-il, vous ne
mourrez point et vous ne passerez
pas toute votre jeunesse dans les pleurs et
les gémissemens. Il ne tiendra qu'à vous de
sortir des ténèbres qui recèlent vos perfec-

tions et d'être même dès aujourd'hui femme du cadi de Bagdad. Oui, parfaite image des houris, je suis prêt à vous épouser, si vous voulez bien y consentir. — Monseigneur, répondit la dame, quand vous ne seriez pas une des plus considérables personnes de cette ville, je n'aurais point de répugnance à vous donner ma main, car vous me paraissez un homme fort aimable; mais je crains que vous ne puissiez obtenir l'aveu de mon père, quelque honneur que lui fasse votre alliance. — N'ayez point d'inquiétude là-dessus, reprit le juge, je réponds de l'événement; dites-moi seulement dans quelle rue demeure votre père, comment il se nomme, et de quelle profession il est? — Il s'appelle Ousta Omar, repartit Zemroude; il est teinturier; il demeure sur le quai oriental du Degela, et l'on voit à la porte de sa boutique un palmier chargé de dattes. — Cela suffit, dit le cadi, vous pouvez présentement vous en retourner au logis, vous entendrez bientôt parler de moi, sur ma parole. »

Alors la dame, après avoir regardé le juge d'un air gracieux, se couvrit le visage de son voile, sortit du cabinet et revint me trouver. Elle me rendit compte de l'entretien qu'elle venait d'avoir avec lui; à peine pouvait-elle se posséder, tant elle était transportée de joie.

« Nous serons vengés, me disait-elle ; notre
ennemi, qui croit nous faire servir de risée au
peuple, en sera lui-même le jouet. » Effectivement, le juge n'eut pas perdu de vue Zemroude,
qu'il envoya un exempt chez Ousta Omar, qui
se trouva dans sa maison : « Venez parler au
cadi, lui dit l'exempt, il veut vous entretenir
et il m'a donné ordre de vous mener devant
lui. » Le teinturier pâlit à ces paroles, il crut
que quelqu'un avait été se plaindre de lui au
juge, et que c'était à cause de cela qu'on venait
le chercher ; il suivit l'exempt avec beaucoup
d'inquiétude.

Aussitôt qu'il fut devant le cadi, ce juge le
fit entrer dans le même cabinet où il avait
entretenu Zemroude et le fit asseoir sur le
même sopha. L'artisan était si confus de l'honneur qu'on lui faisait, qu'il changea plusieurs
fois de couleur. « Maître Omar, lui dit le cadi,
je suis bien aise de vous voir ; il y a longtemps
que j'entends parler de vous avantageusement.
On dit que vous êtes un homme de bonnes
mœurs, que vous faites régulièrement vos cinq
prières par jour, et que vous ne manquez jamais d'assister à celle du vendredi dans la
grande mosquée ; outre cela, je sais que vous
ne mangez point de porc, que vous ne buvez ni
vin, ni eau-de-vie de dattes, et qu'enfin, pen-

dant que vous travaillez, un de vos garçons lit l'Alcoran. — Cela est vrai, monseigneur, répondit le teinturier, je sais même par cœur plus de quatre mille hadits, et je me prépare à faire bientôt le pèlerinage de la Mecque. — Je vous assure, reprit le juge, que tout cela me fait beaucoup de plaisir, car j'aime passionnément les bons musulmans. On m'a dit aussi, poursuivit-il, que vous avez derrière le rideau de chasteté une fille qui est en âge d'être mariée, cela est-il véritable? — Grand juge, repartit Ousta Omar, on vous a dit vrai. J'ai une fille qui est assez âgée pour avoir un mari, car elle a trente ans passés; mais la pauvre créature n'est pas en état d'être présentée à un homme; elle est laide ou plutôt effroyable, estropiée, galeuse, imbécile : en un mot, c'est un monstre que je ne saurais trop cacher. — Bon, dit le cadi, en souriant, je m'attendais à celui-là, maître Omar; j'étais bien persuadé que vous me feriez ainsi l'éloge de votre fille. Mais apprenez, mon ami, que cette galeuse, cette imbécile, cette estropiée, cette effroyable, ce monstre avec tous ses défauts, est aimée à la rage d'un homme qui souhaite de l'avoir pour femme, et que cet homme-là, c'est moi. »

A ce discours, le teinturier regarda le juge en face et lui dit : « Si monseigneur le cadi veut plaisanter, il est le maître; il peut, tant qu'il lui plaira, se moquer de ma fille. — Non, non, répliqua le cadi, je ne plaisante point; je suis amoureux de votre fille et je vous la demande.» L'artisan fit un éclat de rire à ces paroles : « Par le Prophète, s'écria-t-il, quelqu'un veut vous en donner à garder, car je vous avertis, monseigneur, que ma fille est manchote, boiteuse, hydropique... — Justement, interrompit le juge, je la reconnais à ce portrait-là; j'aime ces sortes de filles, c'est mon goût. — Encore une fois, reprit le teinturier, elle ne vous convient pas, elle se nomme Cayfacattaddahri, et je vous proteste qu'elle est bien nommée. — Oh! c'en est trop, dit le cadi d'un ton brusque et impérieux, je suis las de tous ces raisonnemens : maître Omar, je veux que tu m'accordes cette Cayfacattaddahri telle qu'elle est, et ne me réplique pas davantage. »

Le teinturier le voyant déterminé à épouser sa fille, et persuadé plus que jamais que quelqu'un, pour s'en divertir, l'avait rendu amoureux d'elle sur un faux portrait, dit en lui-même : « Il faut que je lui demande un gros schirbeha; cette somme pourra le dégoûter de ma fille, et il cessera de m'en parler. — Monseigneur, lui dit-il, je suis disposé à vous obéir; mais je ne livrerai point Cayfacattaddahri que vous ne m'ayez donné auparavant une dot de mille sequins d'or. — La somme est un peu forte, dit le cadi, cependant je vais te la mettre entre les mains. » En même temps, il se fit apporter un grand sac plein de sequins; on en compta mille, on les pesa et le teinturier les prit. Alors le juge ordonna qu'on dressât le contrat; mais, lorsqu'il fut question de le signer, l'artisan protesta qu'il ne le signerait qu'en présence de cent personnes de loi. « Tu es bien défiant, lui dit le cadi; n'importe, je veux te satisfaire, car je ne prétends pas que ta fille m'échappe. » Il envoya chercher sur-le-champ des docteurs et des alfaquihs, des moullas, des gens de mosquée et de justice, et il en vint plus que le teinturier n'en avait demandé.

DIXIÈME JOUR

Lorsque tous les témoins furent assemblés chez le juge, Ousta Omar prit la parole : « Seigneur cadi, dit-il, je vous donne ma fille pour être votre épouse légitime, puisque vous voulez absolument que je vous l'accorde; mais je déclare devant tous ces seigneurs que c'est à condition que, si elle vous déplaît quand vous

l'aurez vue, et qu'il vous prenne envie de la
répudier, vous lui donnerez mille sequins d'or
comme ceux que j'ai reçus de vous. — Hé
bien! je te le jure, dit le cadi, et j'en atteste
toute l'assemblée. Es-tu content? » Le teinturier répondit que oui, et sortit en disant qu'il
allait lui envoyer la mariée.

Après le départ d'Omar, toute l'assemblée se
sépara, et le cadi demeura seul chez lui. Il y
avait deux ans qu'il était marié avec la fille
d'un marchand de Bagdad, avec qui jusque-là
il avait vécu en assez bonne intelligence. Cette
femme, ayant appris que son mari songeait à
de nouvelles noces, se mit en colère contre lui.
« Comment donc! lui dit-elle, deux têtes dans
un bonnet, deux mains dans un gant, deux
épées dans un fourreau, deux femmes dans
une maison! Ah! volage, puisque les caresses
d'une épouse fidèle et jeune encore ne sont pas
capables de fixer ton inconstance, je suis prête
à céder ma place à ma rivale et à me retirer
chez mes parens. Tu n'as qu'à me répudier et
me compter ma dot, et tu ne me reverras plus.
— Tu me fais plaisir de me prévenir, lui répondit le juge, car je me faisais une peine de t'annoncer mon nouveau mariage. » Aussitôt il
tira d'un coffre une bourse où il y avait cinq
cents sequins d'or, et, la lui mettant entre les

mains : « Tiens, femme, lui dit-il, ta dot est là
dedans. Va, emporte ton trousseau, je te répudie une fois, deux fois, trois fois, je te répudie.
Et afin que tes parens ne doutent point que
je ne t'aie répudiée, je vais te donner ces paroles écrites et signées de moi et de mon nayb,
selon les lois. » Il n'y manqua pas, et sa femme
se retira chez son père avec son écrit et son
argent.

Il ne la vit pas hors de sa maison, qu'il fit
meubler magnifiquement un appartement pour
recevoir sa nouvelle épouse. On y mit des tapis
de pied de velours avec des tapisseries et des
sophas de brocart et d'argent; plusieurs casso-
lettes remplies d'agréables odeurs parfumaient
la chambre nuptiale. Tout était déjà prêt, et
le cadi attendait impatiemment Cayfacattaddahri qui ne venait point, lorsqu'il arriva un
porte-faix chargé d'une caisse de sapin, couverte d'un tapis de taffetas vert. « Que m'ap-
portes-tu là, mon ami? lui dit le juge. — Monseigneur, lui répondit le porte-faix en posant
la caisse à terre, c'est la mariée; vous n'avez
qu'à ôter le tapis, et vous verrez comme elle
est faite. » Le cadi ôta le tapis, et aperçut une
fille de trois pieds et demi; elle avait le visage
long et couvert de gale, des yeux enfoncés
dans la tête et plus rouges que du feu; elle

n'avait point de nez; il paraissait seulement au-dessus de la bouche, faite en forme de gueule de crocodile, deux larges naseaux très-dégoûtans. Il ne put voir cet objet sans horreur; il remit dessus promptement le tapis et dit au porte-faix : « Que veux-tu que je fasse de cet horrible animal? — Seigneur, repartit le porte-faix, c'est la fille de maître Omar le teinturier, qui m'a dit que vous l'avez épousée par inclination. — Juste ciel! s'écria le cadi, est-ce qu'on peut épouser un monstre pareil à celui-là! »

Dans ce moment, le teinturier, qui avait bien prévu la surprise du juge, arriva. « Misérable, lui dit le cadi, pour qui me prends-tu? Il faut que tu sois bien effronté pour me faire de semblables tours. Tu m'oses traiter ainsi, moi qui puis me venger facilement de mes ennemis, moi qui, quand il me plaît, mets tes pareils dans les fers! Crains ma colère, malheureux! Au lieu de cet épouvantable objet que tu m'as envoyé, donne, donne-moi ton autre fille dont rien n'égale la beauté, autrement tu éprouveras bientôt tout ce que peut un cadi irrité. — Monseigneur, dit Omar, cessez de me menacer, je vous en supplie, et ne soyez plus en colère contre moi. Je jure par le Créateur de la lumière que je n'ai pas d'autre fille que celle-ci. Je vous ai dit mille fois qu'elle ne vous convenait point ; vous n'avez pas voulu me croire ; à qui vous en prenez-vous ? »

ONZIÈME JOUR

Le cadi, à ce discours, rentra en lui-même, et dit au teinturier : « Maître Omar, il est venu ici ce matin une fille parfaitement belle, qui m'a dit que vous étiez son père et que vous la faisiez passer pour un monstre, afin que personne n'eût envie de vous la demander en mariage. — Monseigneur, lui dit l'artisan, cette belle fille-là est assurément une friponne, et il faut que vous ayez quelque ennemi. »

Alors le cadi baissa la tête sur son estomac et demeura quelque temps à rêver. Ensuite, prenant la parole : « C'est, dit-il, un malheur qui devait m'arriver, n'en parlons plus. Fais, je te prie, remporter ta fille chez toi, garde les mille sequins d'or que je t'ai donnés, mais ne m'en demande pas davantage si tu veux que nous soyons amis. »

Quoique le juge eût juré devant les gens de loi qu'il donnerait encore mille sequins si la fille d'Omar ne lui plaisait pas, cet artisan n'osa l'obliger à tenir sa parole, car il le connaissait

pour un homme très-vindicatif. Il aima mieux
se contenter de ce qu'il avait reçu. « Monseigneur, lui dit-il, je vais vous obéir et vous
débarrasser de ma fille, mais il faut, s'il vous
plaît, la répudier auparavant. — Oh ! vraiment,
dit le cadi, je n'ai pas dessein d'y manquer,
et je t'assure que cela sera bientôt fait. »
Effectivement, il envoya chercher son nayb
à l'heure même, et la répudiation se fit dans
les formes.

Cette aventure fut bientôt sue dans la ville.
Tout le monde en rit et approuva fort le tour
qu'on avait joué au cadi, qui n'en fut pas quitte
pour le ridicule que cela lui donna dans Bagdad. Nous poussâmes la vengeance plus loin :
j'allai, par le conseil de Mouaffac, trouver le
Prince des Fidèles, à qui je dis mon nom et
contai mon histoire. Je ne supprimai pas,
comme vous pouvez penser, les circonstances
qui marquaient davantage la malignité du
cadi. Le calife, après m'avoir écouté fort at-
tentivement, me fit d'obligeants reproches :
« Prince, me dit-il, pourquoi n'avez-vous pas eu
d'abord recours à moi? Deviez-vous craindre
que je ne vous fisse pas un accueil favorable?
Non, vous savez que j'aime et que j'estime le
roi Bin-Ortoc votre père : ma cour était un
asile assuré pour vous. »

Le calife me fit mille caresses, il me donna la galate avec un fort beau diamant qu'il avait au doigt. Il me régala d'un excellent sorbet, et, lorsque je fus de retour chez mon beau-père, j'y trouvai six gros paquets de brocart de Perse, d'or et d'argent, deux pièces de kemkha, avec un très-beau cheval persan, richement harnaché. Outre cela, il redonna à Mouaffac le gouvernement de Bagdad, et, pour punir le cadi d'avoir voulu tromper Zemroude et son père, il déposa ce juge et le condamna à une prison perpétuelle, où, pour combler sa misère, il lui ordonna de vivre avec la fille d'Ousta Omar.

Peu de jours après mon mariage, j'envoyai un courrier à Moussel pour informer le roi mon père de tout ce qui m'était arrivé depuis mon départ de sa cour, et pour l'assurer en même temps que je m'en retournerais bientôt avec la personne que j'avais épousée. J'attendis impatiemment le retour de mon courrier; mais, hélas! il m'apporta des nouvelles qui m'affligèrent fort : il m'apprit que Bin-Ortoc, ayant su que quatre mille Arabes bédouins m'avaient attaqué et que mon escorte avait été taillée en pièces, persuadé que je ne vivais plus, en avait conçu tant de chagrin qu'il s'était enfin laissé mourir; que le prince Amadeddin Zengui, mon cousin germain, occupait le trône, qu'il régnait avec beaucoup d'équité, et que cependant, quoiqu'il fût généralement aimé, les peuples n'avaient pas plutôt appris que j'étais encore vivant, qu'ils en avaient témoigné une joie incroyable. Le prince Amadeddin lui-même, par une lettre que le courrier me donna de sa part, m'assurait de sa fidélité et me marquait beaucoup d'impatience de me voir pour me remettre le diadème et devenir mon premier sujet.

Ces nouvelles me firent prendre la résolution de hâter mon retour à Moussel. Je pris congé du Prince des Fidèles, qui me donna trois mille chevaux de sa garde pour m'escorter jusque dans mes États; et, après avoir embrassé Mouaffac et sa femme, je partis de Bagdad avec ma chère Zemroude, qui serait morte de douleur en quittant son père et sa mère, si l'amour qu'elle avait pour moi n'en eût modéré le sentiment.

DOUZIÈME JOUR

Je n'avais pas fait la moitié du chemin de Bagdad à Moussel, que l'avant-garde de mon escorte découvrit la tête d'un corps de troupe qui marchait droit à nous. Je crus que c'étaient encore des Arabes bédouins. Je mis aussitôt

mes gens en bataille, et nous étions déjà dis-
posés à combattre, lorsque mes coureurs me
vinrent rapporter que les hommes que nous
prenions pour des brigands et des ennemis
étaient des troupes de Moussel qui venaient
au-devant de moi, et qu'Amadeddin Zengui
les conduisait.

Ce prince, de son côté, ayant appris qui nous
étions, se détacha de sa petite armée pour me
venir trouver avec les principaux seigneurs
de Moussel. Il me parla conformément à sa
lettre, c'est-à-dire d'une manière soumise et
respectueuse, et toutes les personnes de qualité qui l'accompagnaient m'assurèrent de leur
zèle et de leur fidélité. Quelque sujet que
j'eusse de me défier d'eux et de mon cousin,
j'aimai mieux bannir toute défiance que de
faire connaître que je n'étais pas sans crainte.
Je renvoyai les soldats de la garde du calife,
et confiai mes jours au prince Amadeddin. Je
n'eus pas lieu de me repentir de ma confiance :
il ne songea qu'à me donner des marques de
son attachement.

Lorsque nous fûmes arrivés à Moussel, tout
le peuple témoigna par des acclamations le
plaisir qu'il avait de me revoir, et se livra
pendant trois jours à de grandes réjouissances.
Les boutiques des asouaques et des bezeisteins

furent tapissées en dedans et en dehors, et, la
nuit, elles étaient éclairées de lampions qui
formaient les lettres d'un verset de l'Alcoran :
de sorte que chaque boutique ayant son verset
particulier, ce livre sacré se lisait tout entier
dans la ville, et il semblait que l'ange Gabriel
l'apportât une seconde fois à notre grand Prophète en caractères lumineux.

Quant à moi, je m'étudiai à chercher tout ce
qui pouvait faire quelque plaisir à la fille de
Mouaffac. Je fis mettre dans son appartement
tout ce qu'il y avait de plus rare et de plus
agréable à la vue. Je composai sa suite de vingt-
cinq jeunes dames géorgiennes, esclaves du
sérail de mon père; les unes chantaient et
jouaient parfaitement du luth, les autres de la
harpe, et les autres dansaient avec autant d'art
et de grâce que de légèreté. Je lui donnai aussi
un aga noir avec douze eunuques, qui tous
avaient quelque talent propre à la divertir.

TREIZIÈME JOUR

Je régnais sur des sujets fidèles
et zélés; j'aimais plus que jamais
Zemroude, et j'en étais aimé. Je
vivais heureux, lorsqu'un jeune
derviche parut à ma cour. Il s'introduisit

auprès des principaux seigneurs par un esprit plaisant et agréable; il gagna bientôt leur amitié par ses bons mots et ses réparties justes et brillantes. Il les accompagnait à la chasse, il faisait la débauche avec eux, il était de toutes leurs parties. Quelques-uns m'en parlaient tous les jours comme d'un homme qui avait la conversation charmante, et enfin ils firent si bien qu'ils me donnèrent envie de le voir et de l'entretenir.

Loin de trouver qu'on m'en eût fait un portrait flatteur, il me parut encore plus spirituel qu'on ne me l'avait dépeint. Son entretien me charma et me tira d'une erreur où sont encore aujourd'hui beaucoup de gens de qualité, qui croient qu'on ne voit qu'à la cour des esprits fins et délicats. Je pris tant de goût aux discours du derviche, et il me sembla même si propre aux grandes affaires, que je voulus le mettre au nombre de mes ministres; mais il me remercia et me dit qu'il avait fait vœu de n'exercer jamais aucun emploi, qu'il aimait à mener une vie libre et indépendante, qu'il méprisait les honneurs et les richesses et se contentait de ce que Dieu, qui a soin des plus vils animaux, lui faisait trouver pour subsister; en un mot, qu'il était content de sa condition.

J'admirais un homme si détaché des choses

du monde, et j'en avais plus d'estime pour lui ; je le recevais agréablement toutes les fois qu'il se présentait pour me faire sa cour ; bref, je conçus insensiblement tant d'amitié pour lui, que j'en fis mon favori.

Un jour que je chassais dans un bois, je m'écartai du gros de la chasse, et le derviche se trouva seul avec moi. Il commença de m'entretenir de ses voyages, car quoiqu'il fût encore jeune, il ne laissait pas d'avoir voyagé. Il me parla de plusieurs choses curieuses qu'il avait vues dans les Indes, et entre autres d'un vieux brahmane qu'il avait connu. « Ce grand personnage, me dit-il, savait une infinité de secrets tous plus curieux les uns que les autres : la nature n'avait rien d'impénétrable pour lui. Il mourut entre mes bras ; mais comme il m'aimait, avant que d'expirer il me dit : « Mon « fils, je veux t'apprendre un secret, afin que « tu te souviennes de moi, à condition que tu « ne le confies à personne. » Je le lui promis, ajouta le derviche, et, sur la foi de ma promesse, il m'apprit ce secret.

— Hé ! de quelle nature est ce secret ? lui dis-je. N'est-ce pas celui de faire de l'or ? — Non, sire, répondit-il, c'est un secret plus rare et bien plus précieux, c'est de ranimer un corps mort. Ce n'est pas, poursuivit-il, que je puisse rendre à un cadavre la même âme qu'il a perdue : le Ciel seul a le pouvoir de faire ce miracle, mais je puis faire entrer mon âme dans un corps privé de vie, et j'en ferai l'épreuve devant votre majesté quand il lui plaira. — Très-volontiers, lui dis-je, et ce sera tout à l'heure si vous voulez. »

Il passa fort à propos auprès de nous dans ce moment une biche, et je lui décochai une flèche qui la perça et l'abattit. « Nous allons voir, repris-je alors, si vous ranimerez cet animal. — Sire, reprit le derviche, votre curiosité sera bientôt satisfaite : remarquez bien ce que je vais faire. « A peine eut-il achevé ces paroles, que je vis tout à coup tomber son corps sans sentiment, et en même temps je vis la biche se relever avec beaucoup de légèreté. Je vous laisse à juger de ma surprise. Quoiqu'il ne fût pas permis de douter de ce que je voyais, je me défiais du rapport de mes yeux. Cependant la biche me vint flatter, et, après avoir fait plusieurs bonds, elle tomba, et aussitôt le corps du derviche, qui était étendu par terre, se ranima.

Je fus charmé d'un si beau secret, et je priai le derviche de me l'apprendre. « Sire, me dit-il, je suis fâché de ne pouvoir contenter votre envie, mais je promis au brahmane mourant de ne faire part de ce secret à personne, et je suis esclave de ma parole ». Plus le derviche se défendait de satisfaire mes désirs curieux, plus je sentais qu'il les irritait. « Au nom de Dieu, lui dis-je, ne me refuse point la satisfaction que je te demande; je te promets aussi de ne pas découvrir ce secret, et je jure par Celui qui nous a créés tous deux que je n'en ferai jamais un mauvais usage. » Le derviche rêva un moment; ensuite, reprenant la parole : « Je ne puis, dit-il, tenir contre un roi que j'aime plus que ma vie : je me rends à tant d'instances. Aussi bien, ajouta-t-il, je ne fis au brahmane qu'une simple promesse, je ne me liai point par un serment inviolable : je vais donc apprendre mon secret à votre majesté. Il ne s'agit que de retenir deux mots; il suffit de les dire mentalement pour ranimer un cadavre. » En même temps il me les apprit.

Je ne les sus pas plutôt, que je voulus en éprouver la vertu; je les prononçai dans l'intention de faire passer aussi mon âme dans le corps de la biche, et je me vis à l'instant métamorphosé en cet animal. Mais le plaisir que j'avais de sentir que l'opération se faisait heureusement se changea bientôt en douleur, car, dès que mes esprits furent entrés dans le corps de la biche, le perfide fit passer les siens dans mon cadavre, et, bandant promptement mon arc, il allait me percer d'une de mes flèches, si, jugeant à son action de son dessein, je ne me fusse dérobé à ses coups par une prompte fuite. Il ne laissa pas de décocher une flèche, mais par bonheur il me manqua.

QUATORZIÈME JOUR

Me voilà donc réduit à vivre avec les animaux des montagnes et des bois, heureux si je leur eusse plus parfaitement ressemblé, et qu'en perdant la forme humaine j'eusse aussi perdu la raison : je n'aurais pas été la proie de mille affligeantes réflexions.

Pendant que je déplorais mon infortune dans les forêts, le derviche occupait le trône de Moussel, et, ce qui me faisait beaucoup de peine, il possédait Zemroude. Ayant laissé dans le bois son corps de derviche, et fort satisfait d'avoir pris le mien, il goûtait en paix la douceur de régner. Comme il craignait pourtant qu'avec le même secret qui m'avait été si funeste, je ne trouvasse moyen de m'introduire dans le palais et de me venger de sa personne, il ordonna, dès le même jour qu'il se vit à ma place, qu'on tuât toutes les biches

qu'on trouverait dans le royaume, voulant, disait-il, purger ses États de cette sorte de bêtes
qu'il haïssait mortellement ; et, pour mieux
engager ses sujets à détruire ces animaux, il
fit publier qu'il donnerait trente sequins pour
chaque biche dont on lui apporterait la tête.

Les habitans de Moussel, animés par l'espérance du gain, se répandirent dans les cam-
pagnes avec leurs arcs et leurs flèches ; ils
entrèrent dans les forêts, parcoururent les
montagnes et percèrent de leurs traits toutes
les biches qu'ils rencontrèrent. Heureusement,
leurs coups n'étaient pas à craindre pour moi,
car, ayant aperçu au pied d'un arbre un rossignol mort, je le ranimai, et sous cette nouvelle
forme je volai vers le palais de mon ennemi et
me glissai dans l'épais feuillage d'un arbre du
jardin. Cet arbre n'était pas éloigné de l'appartement de la reine. Là, rêvant à ma triste
aventure et au bonheur de mon rival, je m'at-
tendris et je commençai à chanter mes peines.
C'était un matin, le soleil se levait, et déjà
plusieurs oiseaux, charmés de revoir sa lumière, exprimaient par leurs chants la joie
qui les animait. Pour moi, peu sensible à la
clarté du nouveau jour, je n'étais occupé que
de mes ennuis ; les yeux tristement tournés
vers l'appartement de Zemroude, je poussais

dans les airs une voix si plaintive que j'attirai cette princesse à une fenêtre. Je continuai mon douloureux ramage à sa vue ; je m'efforçai même de le rendre encore plus touchant, comme si j'eusse pu lui faire comprendre le sujet de ma douleur. Mais, hélas ! elle prenait plaisir à m'écouter, et je remarquais qu'au lieu de se laisser toucher à mes pitoyables accens, elle n'en faisait que rire avec une de ses esclaves qui était accourue à la même fenêtre pour m'entendre.

Je ne sortis point du jardin ce jour-là ni les autres suivans, et j'avais soin tous les matins de chanter au même endroit. Zemroude ne manquait pas non plus de se mettre à ses fenêtres, et, ce qui me parut l'ouvrage du Ciel, elle eut envie de m'avoir. « Écoutez, dit-elle à ses femmes, je veux qu'on prenne ce rossignol ; qu'on aille chercher des oiseliers, j'aime cet oiseau, j'en suis folle ; qu'on fasse si bien qu'on s'en saisisse et qu'on me l'apporte ! » On obéit à la reine, on fit venir d'habiles oiseliers qui me tendirent des filets ; et comme je n'avais pas dessein de leur échapper, je me laissai prendre.

D'abord que je fus entre ses mains, elle fit paraître une grande joie. « Mon mignon, dit-elle en me flattant, charmant rossignol, je veux

être ta rose. Je me sens déjà pour toi une tendresse infinie. » A ces mots, elle me baisa, moi
je portai mon bec doucement sur ses lèvres.
« Ah ! le petit fripon, s'écria-t-elle en riant, il
semble qu'il entende ce que je lui dis. » Enfin,
après m'avoir caressé, elle me mit elle-même
dans une cage de fils d'or qu'un eunuque de sa
maison avait été acheter dans la ville.

Je chantais tous les jours dès qu'elle était
éveillée, et lorsque, pour me flatter ou me
donner quelque chose, elle se présentait devant
ma cage, bien loin de paraître farouche, j'éten-
dais mes ailes pour lui marquer ma joie et lui
tendais mon petit bec. Elle était étonnée de me
voir apprivoisé en si peu de temps ; quelquefois
elle me tirait de ma cage et me laissait voler
dans sa chambre ; j'allais toujours à elle pour
lui faire des caresses et recevoir les siennes. Je
me rendis par ces manières peu à peu si cher à
Zemroude, qu'elle disait souvent que si par
malheur je venais à mourir, elle en serait in-
consolable, tant elle se sentait attachée à moi.

Si dans mon malheur j'avais quelque plaisir
d'être dans l'appartement de la reine, je le
payais bien cher quand le derviche venait la voir.
Quel affreux supplice ! je ne puis même encore
aujourd'hui y penser sans frémir. Je levais
de temps en temps les yeux au ciel pour lui de-

mander vengeance; mes plumes se hérissaient, et, le cœur bouffi de colère, je m'agitais, je me tourmentais extraordinairement dans ma cage.

Zemroude avait aussi dans sa chambre une chienne qu'elle aimait. Cet animal, un jour que nous étions seuls, mourut en faisant ses petits. Sa mort m'inspira la pensée de faire une troisième épreuve du secret. Je ne sais pourquoi cette fantaisie me prit, car je ne prévoyais pas à quoi cette nouvelle métamorphose pourrait aboutir; mais ce mouvement me parut un avis secret du Ciel, et je le suivis à tout hasard.

QUINZIÈME JOUR

Lorsque Zemroude revint dans la chambre, son premier soin fut de venir se présenter devant la cage. Dès qu'elle s'aperçut que le rossignol était mort, elle fit un cri qui attira toutes ses esclaves. « Qu'avez-vous, Madame? lui dirent-elles d'un air effrayé. Vous est-il arrivé quelque malheur? — Vous me voyez au désespoir, répondit la princesse en pleurant amèrement, mon rossignol est mort! Mon cher oiseau, pourquoi m'es-tu sitôt enlevé? Je ne goûterai donc plus la douceur de tes chants! je ne te reverrai plus! »

Elle était si affligée, que ses femmes tâchè-
rent vainement de la consoler : leurs discours
ne servirent qu'à irriter sa douleur. Une d'entre
elles courut avertir le derviche de l'état où se
trouvait la reine. Il se rendit auprès d'elle en
diligence, et lui représenta que la mort d'un
oiseau ne devait pas causer une si grande
affliction; que la perte n'était pas irréparable;
que si elle aimait tant les rossignols et qu'elle
en voulût avoir, il était aisé de la contenter.
Mais il eut beau parler, tous ses raisonnemens
furent inutiles, il ne put rien gagner sur Zemroude. « J'aimais ce petit animal, lui dit-elle,
il paraissait sensible aux caresses que je lui
faisais, et il y répondait d'une manière qui me
ravissait; il venait au-devant de ma main
quand je l'avançais pour le prendre. Il semblait qu'il se sentît de l'amour pour moi; il me
regardait d'un air tendre et languissant, et l'on
eût dit quelquefois qu'il était mortifié de
n'avoir pas l'usage de la parole pour m'exprimer ses sentimens. Je lisais cela dans ses
yeux. Ah! je n'y puis penser sans désespoir;
mon aimable oiseau, je t'ai perdu pour jamais! » Elle redoubla ses pleurs; je conçus un
présage favorable de la vivacité de cette douleur; j'étais dans un coin de la chambre où je
donnais à teter à mes petits chiens, d'où j'en-

tendais tout ce qui se disait et observais tout ce qui se faisait sans qu'on prît garde à moi. J'eus un pressentiment que le derviche, pour consoler la reine, mettrait en œuvre son secret, et ce pressentiment ne fut pas faux.

Le derviche, voyant que la princesse n'était pas capable d'écouter la raison, comme il l'aimait éperdument et qu'il était touché de ses larmes, au lieu de se répandre en discours superflus, il ordonna aux esclaves de la reine de sortir de la chambre et de le laisser seul avec elle. « Madame, lui dit-il alors, croyant que personne ne l'entendait, puisque la mort de votre rossignol vous fait tant de peine, il faut qu'il revive; ne vous affligez plus, vous le reverrez vivant; je promets de le rendre à votre tendresse; dès demain, à votre réveil, vous l'entendrez chanter encore et vous aurez le plaisir de le caresser.

— Je vous entends, seigneur, lui dit Zemroude, vous me regardez comme une insensée dont il faut flatter la douleur; vous me faites espérer que demain je reverrai mon rossignol en vie; demain, vous remettrez ce miracle au jour suivant, et ainsi, en différant toujours, vous comptez que peu à peu vous me ferez oublier mon oiseau; ou bien, poursuivit-elle, vous avez dessein d'en faire chercher un autre aujourd'hui et de le mettre à sa place pour tromper mon affliction. — Non, ma reine, repartit le derviche, non, c'est cet oiseau que vous voyez étendu dans sa cage sans sentiment, ce rossignol, l'heureux objet d'une si vive douleur, c'est lui-même qui chantera; je lui donnerai une vie nouvelle et vous pourrez lui prodiguer vos bontés. Je le ferai revivre pour vous divertir. Je puis faire ce prodige, continua-t-il, c'est un secret que je possède; si vous en doutez ou si vous avez trop d'impatience de revoir votre oiseau ranimé, je vais le faire revivre tout à l'heure. »

Comme la princesse ne lui répondait point et qu'il jugeait par son silence qu'elle n'était pas bien persuadée qu'il pût faire ce qu'il disait, il alla s'asseoir sur un sopha, où, par la vertu des deux paroles cabalistiques qui servaient comme de véhicule à l'âme pour la faire passer dans un cadavre, il laissa son corps, ou plutôt le mien, et entra dans celui du rossignol. L'oiseau se mit aussitôt à chanter dans sa cage, au grand étonnement de Zemroude. Mais la voix ne tarda guère à lui manquer, car d'abord qu'il eut commencé son ramage, je quittai le corps de la chienne et me hâtai de reprendre le mien. En même temps, courant à la cage, j'en tirai brusquement l'oiseau et lui tordis le cou. « Que faites-vous, seigneur? me dit la princesse. Pourquoi traitez-vous ainsi mon rossignol? Si vous ne vouliez pas qu'il vive, vous ne deviez pas le rappeler à la vie.

— Grâce au Ciel, m'écriai-je alors, sans faire attention à ce qu'elle disait, tant j'étais occupé de la vengeance que je venais de tirer de l'outrage fait à mon honneur et à mon amour, c'en est fait, je viens de punir le perfide dont l'exécrable trahison méritait un plus rigoureux châtiment!» Si Zemroude avait été surprise de revoir son rossignol vivant, elle ne le fut pas moins de m'entendre prononcer ces paroles avec beaucoup d'émotion. « Seigneur, me dit-elle, quel transport vous agite et que signifie ce que vous venez de dire? »

Je lui racontai tout ce qui m'était arrivé, et je remarquai qu'en lui faisant ce récit, elle frémissait à tous momens : tantôt la honte de m'avoir été infidèle, quoique innocemment, la faisait rougir, et tantôt la douleur qu'elle en ressentait la rendait plus pâle que la mort.

Elle ne pouvait douter que je ne fusse véritablement Fadlallah, parce qu'elle savait qu'on avait trouvé dans le bois le corps du derviche, et qu'il avait donné l'ordre de tuer toutes les biches.

Après avoir achevé d'instruire Zemroude d'une si étrange aventure, je m'en repentis; j'aurais pu lui dire seulement que quelque grand cabaliste m'avait appris le secret de ranimer un corps mort, sans lui parler du tour que le derviche m'avait fait. Plût au Ciel qu'elle eût toujours ignoré cette horrible perfidie! peut-être, hélas! vivrait-elle encore! La fille de Mouaffac conçut tant de chagrin d'avoir fait le bonheur d'un misérable, qu'il me fut impossible de la consoler. Malgré toutes les assurances que je lui donnai de l'aimer toujours avec la même tendresse, je ne pus lui faire oublier ce désagréable événement; elle tomba malade, et mourut entre mes bras, en me demandant pardon d'un crime dont elle n'était pas coupable et qui ne m'ôtait rien de mon amour pour elle.

En effet, quand elle fut morte et que j'eus rendu à son tombeau tous les soins que je lui devais, je fis appeler le prince Amadeddin Zengui. « Mon cousin, lui dis-je, je n'ai point d'enfans, je me démets en votre faveur de la couronne de Moussel, je vous l'abandonne, je

renonce à la grandeur souveraine et veux passer le reste de ma vie dans un état obscur. »
Amadeddin, qui m'aimait véritablement, n'é-
pargna rien pour me détourner de ma résolution, mais je lui fis connaître qu'il la combat-
tait inutilement. « Prince, lui dis-je, le dessein
en est pris, je vous donne mon rang. Occupez
le trône de Fadlallah, et puissiez-vous être plus
heureux que lui! Pour moi, dégoûté des gran-
deurs, je vais dans des climats éloignés vivre
comme un homme d'une condition commune,
et là, libre des soins attachés au pouvoir souverain, je veux pleurer Zemroude et, me rap-
pelant les jours heureux que nous avons passés
ensemble, faire mon unique occupation d'un
si doux souvenir. »

Je laissai donc Amadeddin sur le trône de
Moussel, et, accompagné seulement de quelques esclaves, je pris la route de Bagdad, où
j'arrivai heureusement avec beaucoup d'or et
de pierreries. J'allai descendre chez Mouaffac.
Sa femme et lui ne furent pas peu surpris de me
voir, et ils le furent bien davantage lorsque je
leur appris la mort de leur fille qu'ils aimaient
passionnément. Je ne fis pas ce récit sans répandre des larmes ni sans exciter les leurs. Je
ne demeurai pas longtemps à Bagdad, je me
joignis à une troupe de pèlerins qui allaient à

la Mecque, où, après avoir fait mes dévotions,
je trouvai par hasard une compagnie de pèlerins tartares, avec qui je vins en Tartarie. Nous
passâmes par cette ville; j'en trouvai le séjour
agréable, je m'y arrêtai, je m'y établis, et il
y a près de quarante années que j'y demeure.
J'y passe pour un étranger qui s'est autrefois
mêlé de négoce; je mène une vie retirée, je ne
vois presque personne. Zemroude est toujours
présente à ma pensée, et je prends plaisir à
m'en ressouvenir.

FIN DE L'HISTOIRE
DU PRINCE CALAF
ET DE LA PRINCESSE
DE LA CHINE

Fadlallah, ayant achevé le récit de ses aventures, dit à ses hôtes : « Voilà mon histoire. Vous voyez par mes malheurs que la vie humaine est un roseau sans cesse agité par le vent froid du nord. Je vous dirai pourtant que je vis heureux et tranquille depuis que je suis à Jaïk ; je ne me repens point d'avoir abandonné la couronne de Moussel ; je trouve des douceurs dans l'obscurité du sort dont je jouis. »

Timurtasch, Elmaze et Calaf donnèrent
mille louanges au fils de Bin-Ortoc; le khan
admira la résolution qu'il avait pu prendre de
se dépouiller lui-même de ses États pour vivre
comme un particulier dans une terre étran-
gère, où l'on ne savait pas même le rang qu'il
avait autrefois tenu dans le monde. Elmaze
loua la fidélité qu'il avait gardée à Zemroude
et le ressentiment qu'il avait eu de sa mort.
Et enfin Calaf lui dit : « Seigneur, il serait à
souhaiter que tous les hommes qui sont dans
l'adversité eussent autant de constance que
vous en avez fait paraître dans la mauvaise
fortune. »

Ils continuèrent de s'entretenir jusqu'à ce
qu'il fût temps de se retirer. Alors Fadlallah
appela ses esclaves, qui apportèrent des bougies dans des flambeaux faits de bois d'aloès,
et menèrent le khan, la princesse et son fils
dans un appartement où régnait la même simp-
plicité qu'on voyait dans le reste de la maison.
Le lendemain matin, le vieillard entra dans
l'appartement de ses hôtes lorsqu'ils furent
levés, et leur dit : « Vous n'êtes pas seuls malheureux; on vient de m'apprendre qu'un ambassadeur du sultan de Carizme arriva hier
au soir dans cette ville; que son maître l'envoie
à Ilenge-Khan pour le prier non seulement de

ne pas donner un asile au khan des Nogaïs, son
ennemi, mais même de le faire arrêter s'il passe
par le pays de Jaïk. Effectivement, poursuivit
Fadlallah, le bruit court que ce khan infortuné,
de peur de tomber entre les mains du sultan de
Carizme, a quitté sa capitale et s'est sauvé avec
sa famille. » A cette nouvelle, Timurtasch et
Calaf changèrent de couleur, et la princesse
s'évanouit.

DIX-SEPTIÈME JOUR

L'évanouissement d'Elmaze, aussi
bien que le trouble du père et du
fils, firent juger à Fadlallah que ses
hôtes n'étaient pas des marchands.
« Je vois bien, leur dit-il, après que la princesse
eut repris l'usage de ses sens, que vous prenez
beaucoup de part aux malheurs du khan des
Nogaïs; ou plutôt, vous dirai-je ce que je
pense? je crois que vous êtes tous trois les dé-
plorables objets de la haine du sultan. — Oui,
seigneur, lui dit Timurtasch, nous sommes les
victimes qu'il veut sacrifier. Je suis le khan
des Nogaïs; vous voyez ma femme et mon fils;
nous aurions tort de ne nous pas découvrir
à vous, après la réception et la confidence
que vous nous avez faites. J'espère même que,

par vos conseils, vous nous aiderez à sortir de l’embarras où nous nous trouvons.

— La conjoncture est assez délicate, répliqua le vieux roi de Moussel. Vous ne serez pas en sûreté chez moi ni dans aucune autre maison de cette ville : vous n’avez point d’autre parti à prendre que de sortir promptement du pays de Jaïk; passez la rivière d’Irtiche et gagnez le plus tôt qu’il vous sera possible les frontières de la tribu de Berlas. » Timurtasch, sa femme et Calaf goûtèrent cet avis. Aussitôt Fadlallah leur fit préparer trois chevaux avec des provisions, et, leur donnant une bourse pleine de pièces d’or : « Partez vite, leur dit-il, vous n’avez point de temps à perdre; dès demain peut-être, Ilenge-Khan vous fera chercher. »

Ils rendirent au vieux roi les grâces qu’ils lui devaient; ils sortirent ensuite de Jaïk, passèrent l’Irtiche et arrivèrent après plusieurs jours de marche sur les terres de la tribu de Berlas. Ils s’arrêtèrent à la première horde qu’ils rencontrèrent, ils y vendirent leurs chevaux et y vécurent avec assez de tranquillité tant qu’ils eurent de l’argent; mais lorsqu’il vint à leur manquer, les chagrins du khan se renouvelèrent. « Pourquoi, disait-il, faut-il que je sois encore au monde? Ne valait-il pas mieux attendre dans mes États mon superbe ennemi et périr en défendant ma ville capitale, que de conserver une vie qui n'est qu'un enchaînement de malheurs ? — Seigneur, lui dit Calaf, ne désespérons point de voir finir nos maux ; le Ciel, qui dispose des événemens, nous en prépare peut-être d'agréables que nous ne pouvons prévoir. Allons, poursuivit-il, à la principale horde de cette tribu ; j'ai le pressentiment que notre fortune y pourra changer de face. »

Ils allèrent donc tous trois à la horde où demeurait le khan de Berlas. Ils entrèrent sous une grande tente qui servait d'hôpital aux pauvres étrangers, et ils se couchèrent dans un coin, fort en peine de ce qu'ils feraient pour subsister. Calaf laissa son père et sa mère en cet endroit, et sortit en demandant la charité aux passants ; il en reçut une petite somme d'argent dont il acheta des provisions qu'il porta sur la fin du jour à son père et à sa mère. Ils ne purent tous deux s'empêcher de pleurer quand ils surent que leur fils venait de demander l'aumône. Calaf s'attendrit avec eux et leur dit : « Rien, je l'avoue, ne me paraît plus mortifiant que d'être réduit à mendier : cependant, si je ne puis autrement vous procurer du secours, je le ferai, quelque honte qu'il m'en coûte. Mais, ajouta-t-il, vous n'avez qu'à me vendre comme un esclave, et de l'argent qui vous en reviendra vous aurez de quoi vivre longtemps. — Que dites-vous, mon fils? s'écria Timurtasch à ce discours. Vous nous proposez de vivre aux dépens de votre liberté! Ah! dure plutôt toujours l'infortune qui nous accable! S'il faut vendre quelqu'un de nous trois pour secourir les deux autres, c'est moi; je ne refuse point de porter pour vous deux le joug de la servitude.

— Seigneur, reprit Calaf, il me vient une pensée : demain matin j'irai me mettre parmi les porte-faix; quelqu'un m'emploiera, et nous vivrons ainsi de mon travail. » Ils s'arrêtèrent à ce parti. Le jour suivant, le prince se mêla parmi les porte-faix de la horde et attendit que quelqu'un voulût se servir de lui; mais il arriva par malheur que personne ne l'employa, de manière que la moitié de la journée était déjà passée qu'il n'avait encore rien gagné.

Il s'ennuya d'attendre en vain parmi les porte-faix que quelqu'un vînt s'adresser à lui. Il sortit de la horde et s'avança dans la campagne pour rêver plus librement aux moyens de subsister. Il s'assit sous un arbre, où, après avoir prié le Ciel d'avoir pitié de sa situation,

il s'endormit. A son réveil, il aperçut auprès de
lui un faucon d'une beauté singulière ; il avait
la tête ornée d'un panache de mille couleurs,
et il portait au cou une chaîne de feuilles
d'or garnie de diamans, de topazes et de
rubis. Calaf, qui entendait la fauconnerie, lui
présenta le poignet, et l'oiseau se mit dessus.
Le prince des Nogaïs en eut beaucoup de joie.
« Voyons, dit-il en lui-même, où ceci nous mè-
nera ; cet oiseau, selon toutes les apparences,
appartient au souverain de cette horde. » Il ne
se trompait pas, c'était le faucon d'Alinguer,
khan de Berlas, que ce prince avait perdu à la
chasse le jour précédent. Ses grands veneurs
le cherchaient dans la campagne avec d'autant
plus d'ardeur et d'inquiétude que leur maître
les avait menacés du dernier supplice s'ils
revenaient à la cour sans son oiseau qu'il aimait passionnément.

DIX-HUITIÈME JOUR

Le prince Calaf rentra dans la
horde avec le faucon. Aussitôt
tout le peuple se mit à crier : « Hé !
voilà le faucon du khan retrouvé !
Béni soit le jeune homme qui va réjouir notre
prince en lui portant son oiseau ! » Effective-

ment, lorsque Calaf fut arrivé à la tente royale et qu'il y parut avec le faucon, le khan, transporté de joie, courut à son oiseau et lui fit mille caresses. Ensuite, s'adressant au prince des Nogaïs, il lui demanda où il l'avait trouvé. Calaf raconta la chose comme elle s'était passée. Après cela, le khan lui dit : « Tu me parais étranger. De quel pays es-tu et quelle est ta profession? — Seigneur, lui répondit le fils de Timurtasch en se prosternant à ses pieds, je suis fils d'un marchand de Bulgarie qui possédait de grands biens; je voyageais avec mon père et ma mère dans le pays de Jaïk; nous avons rencontré des voleurs qui ne nous ont laissé que la vie, et nous sommes venus jusqu'à cette horde en mendiant.

— Jeune homme, reprit le khan, je suis bien aise que ce soit toi qui aies trouvé mon faucon, car j'ai juré d'accorder à la personne qui me le rapporterait les trois choses qu'il voudrait me demander : ainsi tu n'as qu'à parler, dis-moi ce que tu souhaites, et sois sûr de l'obtenir. — Puisqu'il m'est permis de demander trois choses, repartit Calaf, je voudrais premièrement que mon père et ma mère, qui sont à l'hôpital, eussent une tente particulière dans le quartier de votre majesté, qu'ils fussent entretenus à vos dépens le reste de leurs jours et servis même par des officiers de votre maison. Secondement, je désire un des plus beaux chevaux de vos écuries, tout sellé et bridé, et enfin un habillement complet et magnifique, avec un riche sabre et une bourse pleine de pièces d'or pour pouvoir faire commodément un voyage que je médite. — Tes vœux seront satisfaits, dit Alinguer : amène-moi ton père et ta mère, je commencerai dès aujourd'hui à les faire traiter comme tu le souhaites; et demain, vêtu de riches habits et monté sur le plus beau cheval de mes écuries, tu pourras t'en aller où il te plaira. »

Calaf se prosterna une seconde fois devant le khan, et, après l'avoir remercié de ses bontés, il se rendit à la tente où Elmaze et Timurtasch l'attendaient impatiemment. « Je vous apporte de bonnes nouvelles, leur dit-il, notre sort est déjà changé. » En même temps, il leur raconta tout ce qui lui était arrivé. Ils suivirent volontiers Calaf, qui les conduisit à la tente royale et les présenta au khan. Ce prince les reçut fort bien, et leur promit qu'il tiendrait exactement la promesse qu'il avait faite à leur fils. Il leur donna dès ce jour-là une tente particulière, il les fit servir par des esclaves et des officiers de sa maison, et il ordonna qu'on les traitât comme lui-même.

Le lendemain, Calaf fut revêtu de riches habits; il reçut de la main même du prince Alinguer un sabre dont la poignée était de diamans, avec une bourse remplie de sequins d'or, et ensuite on lui amena un très-beau cheval turcoman. Il le monta devant toute la cour, et, pour montrer qu'il savait manier un cheval, il lui fit faire cent caracoles d'une manière qui charma le prince et ses courtisans.

Après avoir remercié le khan de toutes ses bontés, il prit congé de lui. Il alla trouver Timurtasch et la princesse Elmaze. « J'ai une extrême envie, leur dit-il, de voir le grand royaume de la Chine, permettez-moi de la satisfaire. J'ai un pressentiment que je me signalerai par quelque action d'éclat et que je gagnerai l'amitié du monarque qui tient sous ses lois de si vastes États. Souffrez que je suive le mouvement qui m'entraîne, ou plutôt que je m'abandonne au Ciel, qui me conduit. —Va, mon fils, lui dit Timurtasch, cède au noble transport qui t'agite, cours au sort qui t'attend, hâte par ta vertu la lente prospérité qui doit succéder à notre infortune; ou, par un beau trépas, mérite une place éclatante dans l'histoire des princes malheureux. Pars, nous attendrons de tes nouvelles dans cette tribu, et nous réglerons notre fortune sur la tienne. »

Le jeune prince des Nogaïs embrassa son père et sa mère, et prit le chemin de la Chine. Étant arrivé à la grande ville de Canbalec, autrement Pékin, il descendit auprès d'une maison qui était à l'entrée et où demeurait une petite vieille qui était veuve. Calaf se présenta à la porte ; aussitôt la vieille parut. Il la salua et lui dit : « Ma bonne mère, voudriez-vous bien recevoir chez vous un étranger? Si vous pouvez me donner un logement dans votre maison, j'ose vous assurer que vous n'en aurez point de chagrin. » La vieille envisagea le jeune prince, et, jugeant à sa bonne mine ainsi qu'à son habillement que ce n'était pas un hôte à dédaigner, elle lui fit une profonde inclination de tête et lui répondit : « Jeune étranger de grande apparence, ma maison est à votre service, aussi bien que tout ce qu'il y a dedans. » Calaf, qui se sentait beaucoup d'appétit, lui demanda si elle n'avait personne qui pût lui acheter quelque chose au marché. La veuve repartit qu'elle avait un petit-fils de douze ans qui demeurait avec elle, et qui s'acquitterait fort bien de cette commission. Alors le prince tira de sa bourse un sequin d'or et le mit entre les mains de l'enfant, qui sortit pour aller au marché.

Pendant ce temps-là, l'hôtesse ne fut pas

peu occupée à satisfaire la curiosité de Calaf.
Il lui fit mille questions : il lui demanda quelles
étaient les mœurs des habitans de la ville,
combien on comptait de familles dans Pékin,
et enfin la conversation tomba sur le roi de la
Chine. « Apprenez-moi, de grâce, lui dit Calaf,
de quel caractère est le prince. Est-il généreux,
et pensez-vous qu'il fît quelque attention au
zèle d'un jeune étranger qui s'offrirait à le servir contre ses ennemis? En un mot, mérite-t-il
qu'on s'attache à ses intérêts? — Sans doute,
répondit la vieille, c'est un très-bon prince, qui
aime ses sujets autant qu'il en est aimé, et je
suis fort surprise que vous n'ayez pas ouï parler de notre bon roi Altoun-Khan, car la répu-
tation de sa bonté s'est répandue par tout le
monde.

— Sur le portrait que vous m'en faites,
répliqua le prince des Nogaïs, je juge que ce
doit être le monarque du monde le plus heureux et le plus content. — Il ne l'est pourtant
pas, repartit la veuve ; on peut dire même
qu'il est fort malheureux. Premièrement, il n'a
point de prince pour lui succéder ; il ne peut
avoir d'enfant mâle, quelques prières, quelques
bonnes œuvres qu'il fasse pour cela. Je vous
dirai pourtant que le chagrin de n'avoir point
de fils ne fait pas sa plus grande peine ; ce qui

trouble le repos de sa vie, c'est la princesse
Tourandocte, sa fille unique. --- Et pourquoi,
répliqua Calaf, est-elle un supplice pour lui?
— Je vais vous le dire, repartit la veuve, je
puis vous parler savamment de cela, car c'est
un récit que m'a fait souvent ma fille, qui a
l'honneur d'être au sérail parmi les esclaves
de la princesse. »

DIX-NEUVIÈME JOUR

« La princesse Tourandocte, poursuivit la vieille hôtesse du prince
des Nogaïs, est dans sa dix-neu-
vième année; elle est si belle, que
les peintres qui en ont fait le portrait, quoique
des plus habiles de l'Orient, ont tous avoué
qu'ils avaient honte de leur ouvrage, et que le
pinceau du monde qui saurait le mieux attra-
per les charmes d'un beau visage ne pourrait
rendre tous ceux de la princesse de la Chine;
cependant les divers portraits qu'on en a faits,
quoique infiniment au-dessous de la nature,
n'ont pas laissé de produire de terribles effets.

« Elle joint à sa beauté ravissante un esprit
si cultivé, qu'elle sait non seulement tout ce
qu'on a coutume d'enseigner aux personnes
de son rang, mais même les sciences qui ne

conviennent qu'aux hommes. Elle sait tracer les différens caractères de plusieurs sortes de langues ; elle possède l'arithmétique, la géographie, la philosophie, les mathématiques, le droit et surtout la théologie ; elle a lu les lois et la morale de notre législateur Berginghuzin ; enfin elle est aussi habile que tous les docteurs ensemble. Mais ses belles qualités sont effacées par une dureté d'âme sans exemple ; elle ternit tout son mérite par une détestable cruauté.

« Il y a deux ans que le roi de Thibet l'envoya demander en mariage pour le prince son fils, qui en était devenu amoureux sur un portrait qu'il en avait vu. Altoun-Khan, ravi de cette alliance, la proposa à Tourandocte. Cette fière princesse, à qui tous les hommes paraissaient méprisables, tant sa beauté l'a rendue vaine, rejeta la proposition avec dédain. Le roi se mit en colère contre elle, et lui déclara qu'il voulait être obéi. Mais, au lieu de se soumettre de bonne grâce aux volontés de son père, elle pleura de dépit de ce qu'on prétendait la contraindre. Elle s'affligea sans modération, se tourmenta tant, qu'elle tomba malade. Les médecins, connaissant la cause de sa maladie, dirent au roi que tous leurs remèdes étaient inutiles et que la princesse perdrait infailliblement la vie s'il s'obstinait à lui vouloir faire épouser le prince de Thibet.

« Alors le roi, qui aime sa fille éperdument, effrayé du péril où elle était, l'alla voir et l'assura qu'il renverrait l'ambassadeur de Thibet avec un refus. « Ce n'est pas assez, seigneur, lui dit la princesse, j'ai résolu de me laisser mourir à moins que vous ne m'accordiez ce que j'ai à vous demander. Si vous souhaitez que je vive, il faut que vous vous engagiez par un serment inviolable à ne point gêner mes sentimens et que vous fassiez publier un édit par lequel vous déclarerez que de tous les princes qui me rechercheront, nul ne pourra m'épouser qu'il n'ait auparavant répondu pertinemment aux questions que je lui ferai devant tous les gens de loi qui sont dans cette ville ; que, s'il y répond bien, je consens qu'il soit mon époux ; mais que s'il y répond mal, on lui tranchera la tête dans la cour de votre palais.

« Par cet édit, ajouta-t-elle, qu'on fera savoir aux princes étrangers qui arriveront à Pékin, on leur ôtera l'envie de me demander en mariage, et c'est ce que je souhaite, car je hais les hommes et ne veux point me marier. — Mais ma fille, lui dit le roi, si quelqu'un, méprisant mon édit, se présente et répond juste à vos questions... — Ho ! c'est ce que je ne crains pas, interrompit-elle avec précipitation ; j'en sais faire de si difficiles, que j'embarrasserais les plus grands docteurs ; j'en veux bien courir le risque .» Altoun-Khan rêva à ce que la princesse exigeait de lui. « Je vois bien, dit-il en lui-même, que ma fille ne veut point se marier, et qu'en effet cet édit épouvantera tous ses amans : ainsi je ne hasarde rien en lui donnant cette satisfaction ; il n'en peut arriver aucun malheur : quel prince serait assez fou pour affronter un si affreux péril ?

« Enfin le roi, persuadé que cet édit n'aurait point de mauvaises suites et que l'entière guérison de sa fille en dépendait, le fit publier et jura sur les lois de Berginghuzin de le faire exactement observer. Tourandocte, rassurée par ce serment sacré, reprit ses forces et jouit bientôt d'une parfaite santé.

« Cependant le bruit de sa beauté attira plusieurs jeunes princes étrangers à Pékin. L'on eut beau leur faire savoir la teneur de l'édit, comme tout le monde a bonne opinion de son esprit, et surtout les jeunes gens, ils eurent l'audace de se présenter pour répondre aux questions de la princesse, et, n'en pouvant percer le sens obscur, ils périrent tous misérablement l'un après l'autre. Le roi, il faut lui rendre cette justice, paraît fort touché de leur sort. Il se repent d'avoir fait un serment qui le lie, et quelque tendresse qu'il ait pour sa fille, il aimerait mieux l'avoir laissée mourir que de l'avoir conservée à ce prix. Il fait tout ce qui dépend de lui pour prévenir ces malheurs.

« Mais si le roi du moins se montre sensible à la perte de ces malheureux princes, il n'en est pas de même de sa barbare fille. Elle s'applaudit des spectacles sanglans que sa beauté donne aux Chinois. Il n'y a pas longtemps qu'un prince, qui se flattait d'avoir assez d'esprit pour répondre à ses questions, a perdu la vie; et, cette nuit, il doit en périr un autre qui, pour son malheur, est venu à la cour de la Chine dans la même espérance. »

VINGTIÈME JOUR

Le prince des Nogaïs ne pouvait ajouter foi au discours de son hôtesse; il en ressentait pourtant, sans savoir pourquoi, un secret plaisir. « Mais ma mère, reprit-il, les questions que propose la fille du roi sont-elles si difficiles qu'on ne puisse y répondre d'une manière qui satisfasse les gens de loi qui en sont les juges? Pour moi, je m'imagine que les princes qui n'en peuvent pénétrer le sens sont tous de petits génies ou des ignorans. — Non, non, repartit la vieille, il n'y a point d'énigme plus obscure que les questions de la princesse, et il est presque impossible d'y bien répondre. »

Sur ces entrefaites, la nuit arriva, et bientôt on entendit dans la ville les tymbales de la justice. Le prince demanda ce que signifiait ce bruit. « C'est, lui dit la vieille, pour avertir le peuple qu'on va exécuter quelqu'un à mort, et le malheureux qui doit être immolé est ce prince dont je vous ai dit qu'il devait, cette nuit, perdre la vie pour avoir mal répondu aux questions de la princesse. » Le fils de Timurtasch eut envie de voir cette exécution dont la cause lui paraissait bien singulière; il sortit de la maison de son hôtesse, et, rencontrant dans la rue une grande foule que la même curiosité animait, il s'y mêla et se rendit dans la cour du palais où se devait passer la tragique scène. Il vit au milieu une tour de bois fort élevée, dont le dehors, du haut jusqu'en bas, était couvert de branches de cyprès, parmi lesquelles il y avait une prodigieuse quantité de lampes qui répandaient une si grande lumière, que toute la cour en était éclairée. A quinze coudées de la cour s'élevait un échafaud tout couvert de satin blanc et autour duquel régnaient plusieurs pavillons de taffetas de la même couleur. Calaf regardait avec attention tout ce qui s'offrait à sa vue, lorsque tout à coup la triste cérémonie dont on voyait l'appareil commença par un bruit confus de tambours et de cloches, qui du haut de la tour se faisaient entendre de fort loin. En même temps, vingt mandarins et autant de gens de loi, tous vêtus de longues robes de laine blanche, sortirent du palais et allèrent s'asseoir sous les pavillons.

Ensuite parut la victime, ornée de fleurs entrelacées de feuilles de cyprès, avec une banderole bleue sur la tête. C'était un jeune prince qui avait à peine dix-huit ans; il était accompagné d'un mandarin qui le tenait par la main, et suivi de l'exécuteur; ils montèrent tous trois sur l'échafaud; aussitôt le bruit des tambours et des cloches cessa. Le mandarin alors adressa la parole au prince d'un ton de voix si haut, que la moitié du peuple l'entendit. « Prince, lui dit-il, reconnaissez que c'est votre faute si vous perdez aujourd'hui la vie, et que le roi et la princesse ne sont pas coupables de votre mort. — Je la leur pardonne, repartit le prince, je ne l'impute qu'à moi-même, et je prie le Ciel de ne leur demander jamais compte du sang qu'on va répandre. »

Il n'eut pas achevé ces paroles, que l'exécu-

teur lui abattit la tête d'un coup de sabre.
L'air, à l'instant, retentit de nouveau du son
des cloches et du bruit des tambours. Cependant douze mandarins vinrent prendre le corps,
ils l'enfermèrent dans un cercueil d'ivoire et
d'ébène, et le mirent dans une petite litière
que six d'entre eux portèrent sur leurs épaules
dans les jardins du sérail, sous un dôme de
marbre blanc que le roi avait fait bâtir ex-
près pour être le lieu de sépulture de tous les
malheureux princes qui devaient avoir le
même sort.

VINGT ET UNIÈME JOUR

D'abord que les mandarins eurent
emporté le prince qui venait de
périr et que le peuple et les gens de
loi se fussent retirés, Calaf demeura
dans la cour du palais, occupé de mille pensées
confuses; il s'aperçut qu'il y avait auprès de
lui un homme qui fondait en pleurs; il jugea
bien que c'était quelqu'un qui prenait beaucoup de part à l'exécution qui venait de se
faire, et, souhaitant d'en savoir davantage, il
lui adressa la parole. « Je suis touché, lui dit-il,
de la vive douleur que vous faites paraître,
et j'entre dans vos peines, car je ne doute pas

que vous n'ayez connu particulièrement le prince qui vient de mourir. — Ah! seigneur, lui répondit cet homme affligé en redoublant ses larmes, je dois bien l'avoir connu, puisque j'étais son gouverneur. O malheureux roi de Samarcande, ajouta-t-il, quelle sera ton affliction quand tu sauras l'étrange mort de ton fils! et quel homme osera t'en porter la nouvelle! »

Calaf demanda de quelle manière le prince de Samarcande était devenu amoureux de la princesse de la Chine. « Je vais vous l'apprendre, lui dit le gouverneur : le prince de Samarcande vivait heureux à la cour de son père; les courtisans, le regardant comme un prince qui devait un jour être le souverain, ne s'étudiaient pas moins à lui plaire qu'au roi même. Il passait ordinairement le jour à chasser ou à jouer au mail, et la nuit il faisait secrètement venir dans son appartement la plus brillante jeunesse de la cour, avec laquelle il buvait toutes sortes de liqueurs. Il prenait aussi plaisir quelquefois à voir danser de belles esclaves et à entendre des voix et des instrumens. En un mot, tous les plaisirs enchaînés l'un à l'autre occupaient les momens de sa vie.

« Sur ces entrefaites, il arriva un fameux peintre à Samarcande, avec plusieurs portraits

de princesses qu'il avait faits dans les cours
différentes par où il avait passé. Il les vint
montrer à mon prince, qui lui dit en regardant
les premiers qu'il lui présenta : « Voilà de fort
belles peintures ; je suis persuadé que les ori-
ginaux de ces portraits-là vous ont bien de
l'obligation. — Seigneur, répondit le peintre,
je conviens que ces portraits sont un peu flattés, mais je vous dirai en même temps que
j'en ai un encore plus beau que ceux-là, et qui
toutefois n'approche pas de son original. » En
parlant ainsi, il tira d'une petite cassette où
étaient ses portraits celui de la princesse de
la Chine.

« A peine mon maître l'eut-il entre ses mains,
qu'il s'écria qu'il n'y avait point au monde de
femme si charmante et que le portrait de la
princesse de la Chine devait être encore plus
flatté que les autres. Le peintre protesta qu'il
ne l'était point et assura que jamais aucun
pinceau ne pourrait rendre la grâce et l'agré-
ment qu'il y avait dans le visage de la princesse Tourandocte. Sur cette assurance, mon
maître acheta le portrait, qui fit sur lui une si
vive impression, qu'abandonnant un jour la
cour de son père, il sortit de Samarcande
accompagné de moi seul, et, sans me dire son
dessein, prit la route de la Chine et vint dans

cette ville. Il se proposait de servir quelque temps Altoun-Khan contre ses ennemis et de lui demander ensuite la princesse en mariage; mais nous apprîmes en arrivant la rigueur de l'édit; et ce qu'il y a de plus étrange, c'est que mon prince, au lieu d'être vivement affligé de cette nouvelle, en conçut de la joie. « Je vais, me dit-il, me présenter pour répondre aux questions de Tourandocte; je ne manque pas d'esprit, j'obtiendrai cette princesse. »

« Il n'est pas besoin de vous dire le reste, seigneur, continua le gouverneur en sanglotant; vous jugez bien, par le triste spectacle que vous venez de voir, que le prince de Samarcande n'a pu répondre comme il l'espérait aux fatales questions de cette barbare beauté. Il m'a donné tantôt le portrait de cette cruelle princesse, quand il a vu qu'il fallait se préparer à la mort. « Je te confie, m'a-t-il dit, cette rare peinture; conserve bien ce précieux dépôt: tu n'as qu'à le montrer à mon père en lui apprenant ma destinée, et je ne doute pas qu'en voyant une si charmante image, il ne me pardonne ma témérité. » — Mais, ajouta le gouverneur, qu'un autre, s'il veut, aille porter au roi son père une si triste nouvelle; pour moi, possédé de mon affliction, je vais loin d'ici et de Samarcande pleurer une tête si chère. Voici ce dangereux portrait, poursuivit-il, en le tirant de dessous sa robe et le jetant à terre avec indignation; voici la cause du malheur de mon prince! » Le fils de Timurtasch ramassa promptement le portrait de Tourandocte, et voulut se retirer dans la maison de sa vieille; mais il s'égara dans l'obscurité, et insensiblement il se trouva hors de la ville. Il attendit impatiemment le jour pour contempler la beauté de la princesse de la Chine : sitôt qu'il le vit paraître et qu'il put contenter sa curiosité, il ouvrit la boîte qui renfermait le portrait.

Il hésita pourtant avant que de le regarder. « Que vais-je faire? s'écria-t-il; songe, Calaf, songe aux funestes effets qu'il a causés; as-tu déjà oublié ce que le gouverneur du prince de Samarcande vient de te dire? Ne regarde point cette peinture; résiste au mouvement qui t'entraîne. Tandis que tu jouis de ta raison, tu peux prévenir ta perte... Mais quel faux raisonnement m'inspire une timide prudence? Si je dois aimer la princesse, mon amour n'est-il pas déjà écrit au ciel en caractères ineffaçables. D'ailleurs, je crois qu'on peut voir impunément le plus beau portrait; il faut être bien faible pour se troubler à la vue d'un vain mélange de couleurs. Ne craignons rien; considérons de sang-froid ces traits vainqueurs et

assassins : j'y veux même trouver des défauts
et goûter le plaisir nouveau de censurer les
charmes de cette princesse trop superbe; et je
souhaiterais, pour mortifier sa vanité, qu'elle
apprît que j'ai sans émotion envisagé son
image. »

VINGT-DEUXIÈME JOUR

Le fils de Timurtasch se promet-
tait bien de voir d'un œil indiffé-
rent le portrait de Tourandocte; il
le regarde, il l'examine, il admire le
tour du visage, la régularité des traits, la vivacité des yeux, la bouche, le nez, tout lui paraît
parfait : il s'étonne d'un si rare assemblage, et,
quoique en garde contre ce qu'il voit, il s'en
laisse charmer. Un trouble inconcevable l'agite
malgré lui; il ne se connaît plus : « Quel feu,
dit-il, vient tout à coup m'animer? Quel désordre ce portrait met-il dans mes sens? Hélas!
je ne sens que trop qu'elle fait sur moi la
même impression qu'elle a faite sur le malheureux prince de Samarcande; loin d'être effrayé
de sa pitoyable histoire, peu s'en faut que je
n'envie son malheur même. Je ne concevais
pas tout à l'heure comment on pouvait être
assez insensé pour mépriser la rigueur de l'édit,

et dans ce moment je ne vois plus rien qui
m'épouvante; tout le péril est disparu. »

« Non, princesse incomparable, poursuivit-
il en regardant le portrait d'un air tendre,
aucun obstacle ne m'arrête; je vous aime malgré votre barbarie, et puisqu'il m'est permis
d'aspirer à votre possession, je veux dès aujourd'hui tâcher de vous obtenir : si je péris
dans un si beau dessein, je ne sentirai en mourant que la douleur de ne pouvoir vous posséder. »

Calaf, ayant pris la résolution de demander
la princesse, retourna chez sa vieille veuve,
dont il eut grand'peine à trouver la maison,
car il s'en était assez éloigné pendant la nuit.
Il lui conta comment il avait rencontré le gouverneur du prince qu'on avait fait mourir, et
il ne manqua pas de répéter tout ce que le gouverneur lui avait dit. Puis, montrant le portrait de Tourandocte : « Voyez, dit-il, si cette
peinture n'est qu'une image imparfaite de la
princesse de la Chine; pour moi, je ne puis
m'imaginer qu'elle n'égale pas la beauté de
l'original.

— Par l'âme du prophète Jacmouny, s'écria
la vieille, après avoir examiné le portrait, la
princesse est mille fois plus belle et plus charmante encore. Je voudrais que vous l'eussiez

vue, vous seriez persuadé comme moi que tous les peintres du monde qui entreprendront de la peindre au naturel n'y pourront réussir. — Vous me faites un plaisir extrême, reprit le prince des Nogaïs, de m'assurer que la beauté de Tourandocte est au-dessus de tous les efforts de la peinture. Que cette assurance me flatte ! elle m'affermit dans mon dessein et m'excite à tenter promptement une si belle aventure : que ne suis-je déjà devant la princesse ! Je brûle d'impatience d'éprouver si je serai plus heureux que le prince de Samarcande. »

A ces paroles, la vieille se prit à pleurer. « Ah ! seigneur, dit-elle, au nom de Dieu, ne persistez pas dans une résolution si téméraire : vous périrez sans doute, si vous êtes assez hardi pour aller demander la princesse. — C'est une chose résolue : ne perdez point de temps à me vouloir persuader, car rien ne saurait m'ébranler. »

Lorsque la vieille vit que son jeune hôte n'écoutait pas ses conseils, son affliction en redoubla : « C'en est donc fait, seigneur, reprit-elle, on ne peut vous empêcher de courir à votre perte. Pourquoi faut-il que vous soyez venu loger dans ma maison ? Pourquoi vous ai-je parlé de Tourandocte ? Vous en êtes devenu amoureux sur le portrait que je vous en ai fait; malheureuse que je suis! c'est moi qui vous ai perdu : pourquoi faut-il que j'aie votre mort à me reprocher? — Non, ma bonne mère, interrompit une seconde fois le prince des Nogaïs, ce n'est pas vous qui faites mon malheur; ne vous imputez point l'amour que j'ai pour la princesse; je devais l'aimer, et je remplis mon sort. D'ailleurs, qui vous a dit que je répondrai mal à ses questions? Je ne suis ni sans étude, ni sans esprit, et le Ciel peut-être m'a réservé l'honneur de délivrer le roi de la Chine des chagrins que lui cause un affreux serment. Mais, ajouta-t-il en tirant la bourse que le khan de Berlas lui avait donnée et dans laquelle il y avait encore une assez grande quantité de pièces d'or, comme cela, je l'avoue, est incertain et qu'il peut arriver que je meure, je vous fais présent de cette bourse pour vous consoler de mon trépas. »

VINGT-TROISIÈME JOUR

La veuve prit la bourse de Calaf, en disant : « O mon fils! vous vous trompez fort si vous vous imaginez que ces pièces d'or me consolent de votre perte; je vais les employer en bonnes œuvres, en distribuer une partie dans les hôpi-

taux, aux pauvres qui souffrent patiemment
leur misère ; je donnerai le reste aux ministres
de notre religion, afin que tous ensemble ils
prient le Ciel de vous inspirer et de ne pas permettre que vous vous exposiez à périr. Toute
la grâce que je vous demande, c'est de ne point
aller aujourd'hui vous présenter pour répondre
aux questions de Tourandocte ; attendez jusqu'à demain, le terme n'est pas long ; laissez-
moi ce temps-là pour faire agir de bonnes âmes
et mettre Jacmouny dans vos intérêts ; après
cela, vous ferez tout ce qu'il vous plaira. »

Il fut touché de la douleur et de l'affection
que cette bonne vieille faisait paraître. « Eh
bien ! ma mère, lui dit-il, j'aurai pour vous la
complaisance que vous exigez de moi : je n'irai
point aujourd'hui demander la princesse ; mais,
pour vous dire ce que je pense, je ne crois pas
que votre prophète Jacmouny puisse me faire
changer de résolution. »

Il ne sortit point de toute la journée de la
maison de la veuve, qui ne manqua pas d'aller
dans les hôpitaux distribuer des aumônes et
d'acheter à beaux deniers comptants l'inter-
cession des bonzes auprès de Berginghuzin ;
elle fit aussi sacrifier aux idoles des poules et
des poissons. Les génies ne furent pas non plus
oubliés : on leur offrit en sacrifice du riz et

des légumes dans les lieux consacrés à cette cérémonie ; mais toutes les prières des bonzes et des ministres des idoles, quoique bien payées, ne produisirent pas l'effet que la bonne hôtesse de Calaf en avait attendu : car, le lendemain matin, ce prince parut plus déterminé que jamais à demander Tourandocte. Il quitta la vieille qui, se sentant saisir de la plus vive douleur, se couvrit le visage de son voile, et demeura, la tête sur ses genoux, dans un accablement qu'on ne saurait exprimer.

Le jeune prince des Nogaïs, parfumé d'essence et plus beau que la lune, se rendit au palais. Il vit à la porte cinq éléphants liés, et des deux côtés étaient en haie deux mille soldats, le casque en tête, armés de boucliers et couverts de plaques de fer. Un des principaux officiers qui les commandait, jugeant à l'air de Calaf qu'il était étranger, l'arrêta et lui demanda quelle affaire il avait au palais. « Je suis prince étranger, lui répondit le fils de Timurtasch, je viens me présenter au roi pour le prier de m'accorder la permission de répondre aux questions de la princesse sa fille. » L'officier, à ces paroles, le regardant avec étonnement, lui dit : « Prince, savez-vous bien que vous venez ici chercher la mort ? Retournez sur vos pas, et ne vous flattez point de la trompeuse espé-

rance que vous obtiendrez la barbare Tourandocte. Quand vous seriez plus habile qu'un
mandarin de la science, vous ne percerez jamais le sens de ses paroles ambiguës. — Je
vous rends grâces de votre conseil, répartit
Calaf, mais je ne suis pas venu jusqu'ici pour
reculer. — Allez donc à la mort, répliqua l'officier d'un air chagrin, puisqu'il n'est pas possible de vous en empêcher. » En même temps,
il le laissa entrer dans le palais.

Cependant Calaf traversa plusieurs salles, et
enfin se trouva dans celle où le roi avait coutume de donner audience à ses peuples : il y
avait dedans un trône d'acier du Catay, fait
en forme de dragon et haut de trois coudées;
quatre de la même matière et fort élevés sou-
tenaient au-dessus un vaste dais de satin jaune
garni de pierreries. Altoun-Khan, revêtu d'un
caftan de brocart d'or à fond rouge, était assis
sur son trône avec un air de gravité que soute-
nait merveilleusement un bouquet de poils
fort longs, et partagé en trois boucles qu'il
avait au milieu de la barbe. Ce monarque,
après avoir écouté quelques-uns de ses sujets,
jeta par hasard les yeux sur le prince des Nogaïs qui était dans la foule. Comme il lui sembla que c'était un étranger, et qu'il vit bien
à son air noble ainsi qu'à ses habits magni-

fiques que ce n'était pas un homme du commun, il appela un des mandarins, il lui montra
Calaf et lui donna ordre tout bas de s'informer
de sa qualité et du sujet qui l'avait fait venir
à sa cour.

Le mandarin s'approcha du fils de Timurtasch, et lui dit que le roi souhaitait de savoir
qui il était et s'il avait quelque chose à lui
demander. « Vous pouvez dire au roi votre
maître, répondit le jeune prince, que je suis
le fils unique d'un souverain, et que je viens
tâcher de mériter l'honneur d'être son gendre. »

VINGT-QUATRIÈME JOUR

Altoun-Khan ne sut pas plutôt la
réponse du prince des Nogaïs, qu'il
changea de couleur ; son auguste
visage se couvrit d'une pâleur
semblable à celle de la mort : il cessa de donner
audience, il renvoya tout le peuple ; ensuite il
descendit de son trône et s'approcha de Calaf.
« Jeune téméraire, lui dit-il, savez-vous la
rigueur de mon édit et le malheureux destin de
tous ceux qui jusqu'ici se sont obstinés à
vouloir obtenir la princesse ma fille ? — Oui,
seigneur, répondit le fils de Timurtasch, je
connais tout le danger que je cours ; mes yeux

mêmes ont été témoins du juste et dernier supplice que votre majesté à fait souffrir au prince de Samarcande ; mais la fin déplorable de ces audacieux, qui se sont vainement flattés de la douce espérance de posséder la princesse Tourandocte, ne fait qu'irriter l'envie que j'ai de la mériter.

— Quelle fureur ! repartit le roi, à peine un prince a-t-il perdu la vie, qu'il s'en présente un autre pour avoir le même sort. Quel aveuglement ! Rentrez en vous-même, prince, et soyez moins prodigue de votre sang. Vous m'inspirez plus de pitié que tous ceux qui sont déjà venus chercher ici la mort ; je me sens naître de l'inclination pour vous, et je veux faire tout mon possible pour vous empêcher de périr.

— Seigneur, repartit Calaf, il m'est bien doux d'entendre de la bouche même de votre majesté que j'ai le bonheur de lui plaire : j'en tire un heureux présage. Peut-être que, touché des malheurs que cause la beauté de la princesse, le Ciel veut se servir de moi pour en arrêter le cours et assurer en même temps le repos de votre vie, que trouble la nécessité d'autoriser des actions si cruelles. Savez-vous, en effet, si je répondrai mal aux questions qu'on me fera ? Quelle certitude avez-vous que je périrai ? Si d'autres n'ont pu démêler le sens des paroles obscures de Tourandocte, est-ce à dire pour cela que je ne pourrai les pénétrer? — Ah! prince infortuné, répliqua le roi en s'attendrissant, les amans qui se sont présentés avant vous, pour répondre aux funestes questions de ma fille, tenaient le même langage; ils espéraient tous qu'ils en perceraient le sens, et ils n'ont pu en venir à bout. Encore une fois, mon fils, poursuivit-il, laissez-vous persuader : je vous aime et veux vous sauver; ne rendez pas ma bonne intention inutile par votre opiniâtreté; quelque esprit que vous vous sentiez, défiez-vous-en. Vous êtes dans l'erreur de vous imaginer que vous pourrez répondre sur-le-champ à ce que la princesse vous proposera; cependant vous n'aurez pas un demi-quart d'heure pour y rêver : c'est la règle. Si dans le moment vous ne faites pas une réponse juste et qui soit approuvée de tous les docteurs qui en seront les juges, aussitôt vous serez déclaré digne de mort, et vous serez conduit au supplice la nuit suivante. Ainsi, prince, retirez-vous; passez le reste de la journée à songer au parti que vous avez à prendre, et demain vous viendrez m'apprendre ce que vous aurez résolu. »

En achevant ces paroles, il quitta Calaf qui sortit du palais fort mortifié de ce qu'il fallait attendre au lendemain, et il revint chez son hôtesse sans faire la moindre attention à l'affreux péril auquel il voulait s'exposer. Le jour suivant, il retourna au palais et se fit annoncer au roi qui le reçut dans son cabinet, ne voulant pas que personne fût témoin de leur conversation.

« Hé bien ! prince, lui dit Altoun-Khan, dans quels sentimens êtes-vous ? — Seigneur, répondit Calaf, j'ai toujours l'esprit dans la même position ; je suis déterminé à souffrir le même supplice que mes rivaux, si le Ciel n'a pas autrement ordonné de mon sort. » A ce discours, le roi se frappa la poitrine, déchira son collet et s'arracha quelques poils de la barbe.

« Que je suis malheureux, s'écria-t-il, d'avoir conçu tant d'amitié pour celui-ci ! La mort des autres ne m'a point fait tant de peine. Ah ! mon fils, continua-t-il, en embrassant le prince des Nogaïs avec un attendrissement qui lui causa quelque émotion, rends-toi à ma douleur si mes raisons ne sont pas capables de t'ébranler. Je sens que le coup qui t'ôtera la vie frappera mon cœur d'une atteinte mortelle ; renonce, je t'en conjure, à la possession de ma cruelle fille ; tu trouveras dans le monde d'autres princesses que tu pourras posséder. Demeure, si tu veux, dans ma cour ; tu y tiendras le premier rang après moi ; tu auras de belles esclaves ; les plaisirs te suivront partout ; en un mot, je te regarderai comme mon propre fils. Désiste-toi donc de la poursuite de Tourandocte ; que j'aie du moins la satisfaction d'enlever une victime à cette sanguinaire princesse. »

VINGT-CINQUIÈME JOUR

Le fils de Timurtasch était très-sensible à l'amitié que le roi de la Chine lui témoignait ; mais il lui répondit : « Seigneur, laissez-moi, de grâce, m'exposer au péril dont vous voulez me détourner : plus il est grand, et plus il a de quoi me tenter. Je vous avouerai même que la cruauté de la princesse flatte en secret mon amour. Je me fais un plaisir charmant de penser que je suis peut-être l'heureux mortel qui doit triompher de cette orgueilleuse. »

Altoun-Khan, voyant Calaf inébranlable dans sa résolution, en fut vivement affligé. «Ah! jeune audacieux, lui dit-il, ta perte est assurée. Le Ciel m'est témoin que j'ai fait tout mon possible pour t'inspirer des sentimens raisonnables. Tu rejettes mes conseils et aimes mieux périr que de les suivre ; n'en parlons donc plus. Tu recevras bientôt le prix de ta folle constance. Je consens que tu entreprennes de répondre aux questions de Tourandocte ; mais il faut auparavant que je te fasse les honneurs que j'ai coutume de faire aux princes qui recherchent mon alliance. » A ces mots, il appela le chef du premier corps de ses eunuques ; il lui ordonna de mener Calaf dans le palais du prince et de lui donner deux cents eunuques pour le servir.

A peine le prince Nogaïs fut-il dans le palais où on l'avait conduit, que les principaux mandarins vinrent le saluer, c'est-à-dire qu'ils se mirent à genoux et qu'ils baissèrent la tête jusqu'à terre. Ensuite ils lui firent des présens et se retirèrent.

Cependant le roi, qui se sentait beaucoup d'amitié pour le fils de Timurtasch et qui en avait compassion, envoya chercher le professeur le plus habile, ou du moins le plus fameux de son collège royal, et lui dit : « Docteur, il y a dans ma cour un nouveau prince qui demande ma fille. Je n'ai rien épargné pour le rebuter, mais je n'ai pu en venir à bout. Je voudrais que par ton éloquence tu lui fisses entendre raison : c'est pour cela que je te mande ici. » Le docteur obéit ; il alla voir Calaf et eut avec lui un fort long entretien. Ensuite il revint trouver Altoun-Khan, et lui dit : « Seigneur, il est impossible de persuader ce jeune prince ; il veut absolument mériter la princesse ou mourir. Quand j'ai connu que c'était une erreur de prétendre vaincre sa fermeté, j'ai eu la curiosité de voir si son obstination n'avait point d'autre fondement que son amour; je l'ai interrogé sur plusieurs matières différentes, et je l'ai trouvé si savant que j'en ai été surpris. Il est musulman, et il me paraît parfaitement instruit de tout ce qui regarde sa religion. Enfin, pour dire à votre majesté ce que j'en pense, je crois que si quelque prince est capable de bien répondre aux questions de la princesse, c'est celui-là.

— O docteur! s'écria le roi, tu me ravis par ce discours; plaise au Ciel que ce prince devienne mon gendre! Dès qu'il a paru devant moi, je me suis senti de l'affection pour lui; puisse-t-il être plus heureux que les autres qui sont venus périr dans cette ville!» Le bon roi Altoun-Khan ne se contenta pas de faire des vœux pour Calaf; il tâcha de lui rendre propices les esprits qui président au ciel, au soleil et à la lune. Pour cet effet, il ordonna des prières publiques, et l'on fit dans les temples des sacrifices solennels. On immola par son ordre un bœuf au ciel, une chèvre au soleil et un pourceau à la lune. De plus, il fit publier dans Pékin que les confréries du mois eussent à faire un festin dans l'intention que le prince qui se présentait pour demander la princesse eût le bonheur de l'obtenir.

Après les prières et les sacrifices, le monarque chinois envoya son colao au prince des Nogaïs, pour l'avertir de se tenir prêt à répondre le lendemain aux questions de la princesse, et lui dire qu'on ne manquerait pas de l'aller chercher pour le conduire au divan, et que les personnes qui devaient composer l'assemblée avaient déjà reçu l'ordre de s'y rendre.

VINGT-SIXIÈME JOUR

Quelque déterminé que fût Calaf à éprouver l'aventure, il ne passa pas la nuit sans inquiétude. Si tantôt il osait se fier à son génie et se promettre un heureux succès, tantôt, perdant cette confiance, il se représentait la honte qu'il aurait si ses réponses ne plaisaient pas au divan. Il pensait aussi quelquefois à Elmaze et à Timurtasch : « Hélas! disait-il, si je meurs, que deviendront mon père et ma mère? »

Le jour le surprit dans cette confusion de sentimens. Aussitôt il entendit le son de plusieurs cloches avec un grand bruit de tambours. Il jugea que c'était pour appeler au conseil tous ceux qui devaient s'y trouver. Alors, élevant sa pensée à Mahomet : « O grand Prophète, lui dit-il, vous voyez l'état où je suis; inspirez-moi : faut-il que je me rende au divan, ou que j'aille dire au roi que le péril m'épouvante ? » Il n'eut pas prononcé ces paroles, qu'il sentit évanouir toutes ses craintes et renaître son audace; il se leva et se revêtit d'un caftan et d'un manteau d'une étoffe de soie rouge à fleurs d'or qu'Altoun-Khan lui envoya, avec des bas et des souliers de soie.

Comme il achevait de s'habiller, six mandarins, bottés et vêtus de robes fort larges et de couleur cramoisie, entrèrent dans son appartement, et, après l'avoir salué de la même manière que ceux du jour précédent, ils lui dirent qu'ils venaient de la part du roi le prendre pour le mener au divan.

Déjà toutes les personnes qui devaient assister à cette assemblée étaient assises sous des pavillons de diverses couleurs qui régnaient autour de la salle. Il y avait au milieu deux trônes d'or, posés sur deux sièges triangulaires.

Le soleil était sur le point de se lever. Dès qu'on vit briller les premiers rayons de ce bel astre, deux eunuques ouvrirent des deux côtés les rideaux de la porte du palais intérieur, et aussitôt le roi sortit accompagné de la princesse Tourandocte qui portait une longue robe de soie tissue d'or et un voile de la même étoffe qui lui couvrait le visage. Ils montèrent tous deux à leurs trônes par cinq degrés d'argent. Lorsqu'ils eurent pris leurs places, deux jeunes filles parfaitement belles parurent, l'une au côté du roi et l'autre au côté de la princesse : c'étaient des esclaves du sérail d'Altoun-Khan. Elles avaient le visage et la gorge découverts, de grosses perles aux oreilles, et elles se tenaient debout avec une plume et du papier, prêtes à écrire ce que le roi leur ordonnerait.

Quand le puissant monarque de la Chine eut ordonné aux mandarins et aux docteurs de s'asseoir, un des six seigneurs qui avaient conduit Calaf, et qui était debout avec lui à quinze coudées des deux trônes, s'agenouilla et lut un mémoire qui contenait la demande que ce prince étranger faisait de la princesse Tourandocte. Ensuite il se releva et dit à Calaf de faire trois révérences au roi. Le prince des Nogaïs s'en acquitta de si bonne grâce, qu'Altoun-Khan ne put s'empêcher de lui sourire, pour lui témoigner qu'il le voyait avec plaisir.

Alors le colao se leva de sa place et lut à haute voix l'édit funeste qui condamnait à mort tous les amans téméraires qui répondraient mal aux questions de Tourandocte. Puis, adressant la parole à Calaf : « Prince, lui

dit-il, vous venez d'entendre à quelle condition
on peut obtenir la princesse; si l'image du péril
présent fait quelque impression sur votre âme,
il vous est encore permis de vous retirer. —
Non, non, dit le prince Nogaïs, le prix qu'il
s'agit de remporter est trop beau pour avoir
la lâcheté d'y renoncer. »

VINGT-SEPTIÈME JOUR

Le roi, voyant Calaf disposé à répondre aux questions de Tourandocte, se tourna vers cette princesse et lui dit : « Ma fille, c'est à
vous de parler; proposez à ce jeune prince
les questions que vous avez préparées, et plaise
à tous les Esprits à qui l'on fit hier des sacrifices qu'il pénètre le sens de vos paroles! » Tourandocte, à ces mots, lui dit : « Je prends à
témoin le prophète Jacmouny que je ne vois
qu'à regret mourir tant de princes; mais pourquoi s'obstinent-ils à vouloir que je sois à eux?
Que ne me laissent-ils vivre tranquillement dans
mon palais, sans venir attenter à ma liberté?
Sachez donc, jeune audacieux, ajouta-t-elle en
s'adressant à Calaf, que vous n'aurez point de
reproche à me faire, lorsque, à l'exemple de vos
rivaux, il vous faudra souffrir une mort cruelle;

vous êtes, vous seul, la cause de votre perte,
puisque je ne vous oblige point à venir demander ma main.

— Belle princesse, répondit le prince des
Nogaïs, je sais tout ce qu'on peut me dire là-
dessus; faites-moi, s'il vous plaît, vos questions, et je vais tâcher d'en démêler le sens.
— Hé bien! reprit Tourandocte, dites-moi
quelle est la créature qui est de tout pays, amie
de tout le monde, et qui ne saurait souffrir son
semblable? — Madame, répondit Calaf, c'est le
soleil. — Il a raison, s'écrièrent tous les docteurs, c'est le soleil. — Quelle est la mère, reprit
la princesse, qui, après avoir mis au monde ses
enfans, les dévore tous lorsqu'ils sont devenus
grands? — C'est la mer, répondit le prince des
Nogaïs, parce que les fleuves, qui vont se dé-
charger dans la mer, tirent d'elle leur source. »

Tourandocte, voyant que le jeune prince répondait juste à ses questions, en fut si piquée
qu'elle résolut de ne rien épargner pour le
perdre. — « Quel est l'arbre, lui dit-elle, dont
toutes les feuilles sont blanches d'un côté et
noires de l'autre? » Elle ne se contenta pas de
proposer cette question; la maligne princesse,
pour éblouir Calaf et l'étourdir, leva son voile
en même temps, et laissa voir à l'assemblée
toute la beauté de son visage, auquel le dépit

et la honte ajoutaient de nouveaux charmes.
Sa tête était parée de fleurs naturelles placées
avec un art infini, et ses yeux paraissaient
plus brillants que les étoiles. Elle était aussi
belle que le soleil quand il se montre dans tout
son éclat à l'ouverture d'un nuage épais. L'a-
moureux fils de Timurtasch, à la vue de cette
incomparable princesse, au lieu de répondre à
la question proposée, demeura muet et immobile : aussitôt tout le divan, qui s'intéressait
pour lui, fut saisi d'une frayeur mortelle; le
roi même en pâlit et crut que c'était fait de ce
jeune prince.

Mais Calaf, revenu de la surprise que lui
avait causée tout à coup la beauté de Tourandocte, rassura bientôt l'assemblée en reprenant ainsi la parole : « Charmante princesse, je
vous prie de me pardonner si j'ai demeuré
quelques momens interdit : j'ai cru voir un de
ces objets célestes qui sont le plus bel orne-
ment du séjour qui est promis aux fidèles
après leur mort; je n'ai pu voir tant d'attraits
sans en être troublé. Ayez la bonté de répéter
la question que vous m'avez faite, car je ne
m'en souviens plus; vous m'avez fait tout
oublier. — Je vous ai demandé, dit Tourandocte, quel est l'arbre dont toutes les feuilles
sont blanches d'un côté et noires de l'autre ? —

Cet arbre, répondit Calaf, représente l'année, qui est composée de jours et de nuits. »

Cette réponse fut encore applaudie dans le divan; les mandarins et les docteurs dirent qu'elle était juste et donnèrent mille louanges au jeune prince. Alors Altoun-Khan dit à Tourandocte : « Allons, ma fille, confesse-toi vaincue et consens d'épouser ton vainqueur; les autres n'ont pu seulement répondre à une de tes questions, et celui-ci, comme tu vois, les explique toutes. — Il n'a pas encore remporté la victoire, répondit la princesse en remettant son voile pour cacher sa confusion et ses pleurs; j'ai d'autres questions à lui faire. Mais je les lui proposerai demain. — Oh! pour cela non, repartit le roi, je ne permettrai point que vous lui fassiez des questions à l'infini; tout ce que je puis souffrir, c'est que vous lui en proposiez une tout à l'heure. » La princesse s'en défendit, en disant qu'elle n'avait préparé que celles qui venaient d'être interprétées, et pria le roi son père de ne lui pas refuser la permission d'interroger le prince le jour suivant.

« C'est ce que je ne veux pas vous accorder, s'écria le monarque de la Chine en colère; vous ne cherchez qu'à mettre l'esprit de ce jeune prince en défaut, et moi je ne songe qu'à dégager l'affreux serment que j'ai eu l'imprudence de faire. Mais, grâce aux Esprits qui présn sident au ciel, au soleil et à la lune, et à qui mes sacrifices ont été agréables, on ne fera plus dans mon palais de ces horribles exécutions qui rendent votre nom exécrable. Puisque ce prince a bien répondu à ce que vous lui avez proposé, je demande à toute cette assemblée s'il n'est pas juste qu'il soit votre époux ? » Les mandarins et les docteurs éclatèrent alors en murmures, et le colao prit la parole : « Seigneur, dit-il au roi, votre majesté n'est plus liée par le serment qu'elle fit de faire exécuter son rigoureux édit, c'est à la princesse présentement à y satisfaire de sa part. Elle promit sa main à celui qui répondrait juste à ses questions ; un prince vient d'y répondre d'une manière qui a contenté tout le divan : il faut qu'elle tienne sa promesse, ou il ne faut pas douter que les Esprits qui veillent aux supplices des parjures ne la punissent bientôt. »

VINGT-HUITIÈME JOUR

Tourandocte, pendant ce temps-là, gardait le silence ; elle avait la tête sur les genoux et paraissait ensevelie dans une profonde affliction. Calaf, s'en étant aperçu, se prosterna devant Altoun-Khan, et lui dit : « Grand roi, dont la

justice et la bonté rendent florissant le vaste
empire de la Chine, je demande une grâce à
votre majesté ; je vois bien que la princesse est
au désespoir que j'aie eu le bonheur de répondre
à ses questions ; elle aimerait beaucoup mieux
sans doute que j'eusse mérité la mort. Puisqu'elle a tant d'aversion pour les hommes, que,
malgré la parole donnée, elle se refuse à moi,
je veux bien renoncer aux droits que j'ai sur
elle, à condition qu'à son tour elle répondra
juste à une question que je vais lui proposer. »

Altoun-Khan était fort étonné de ce que
Calaf osait lui demander : « Prince, lui dit-il,
avez-vous bien fait attention aux paroles qui
viennent de vous échapper ? — Oui, seigneur,
répondit le prince des Nogaïs, et je vous conjure de m'accorder cette grâce. — Je le veux,
répliqua le roi ; mais, quelque chose qu'il en
puisse arriver, je déclare que je ne suis plus lié
par le serment que j'ai fait, et que désormais
je ne ferai plus mourir aucun prince. — Divine
Tourandocte, reprit le fils de Timurtasch en
s'adressant à la princesse, vous avez entendu
ce que j'ai dit. Quoique, au jugement de cette
savante assemblée, votre main me soit due ;
quoique vous soyez à moi, je vous rends à vous-
même ; j'abandonne votre possession ; je me dé-
pouille d'un bien si précieux, pourvu que vous

répondiez précisément à la question que je
vais vous faire. Mais, de votre côté, jurez que
si vous ne répondez pas juste, vous consentirez
de bonne grâce à mon bonheur et couronnerez
mon amour. — Oui, prince, dit Tourandocte,
j'accepte la condition, j'en jure par tout ce
qu'il y a de plus sacré et je prends cette assemblée à témoin de mon serment. »

Tout le divan était dans l'attente de la question que Calaf allait faire à la princesse, et il
n'y avait personne qui ne blâmât ce jeune
prince de s'exposer sans nécessité à perdre la
fille d'Altoun-Khan. « Belle princesse, dit Calaf, comment se nomme le prince qui, après
avoir souffert mille fatigues et mendié son
pain, se trouve en ce moment comblé de gloire
et de joie? » La princesse demeura quelque
temps à rêver, ensuite elle dit : « Il m'est impossible de répondre à cela présentement, mais
je vous promets que demain je vous dirai le
nom de ce prince. — Madame, s'écria Calaf, je
n'ai point demandé de délai, et il n'est pas
juste de vous en accorder; cependant je veux
vous donner encore cette satisfaction; j'espère
qu'après cela vous serez trop contente de moi
pour faire quelque difficulté de m'épouser.

— Il faudra bien qu'elle s'y résolve, dit
alors Altoun-Khan, si elle ne répond pas à la

question proposée. Qu'elle ne prétende pas, en se laissant tomber malade ou bien en feignant de l'être, échapper à son amant ; quand mon serment ne m'engagerait pas à la lui accorder et qu'elle ne serait pas à lui suivant la teneur de l'édit, je la laisserais plutôt mourir que de renvoyer ce jeune prince : quel homme plus aimable peut-elle jamais rencontrer ? » En achevant ces paroles, il se leva de dessus son trône et congédia l'assemblée ; il rentra dans le palais intérieur avec la princesse, qui de là se retira dans le sien.

Dès que le roi fut sorti du divan, tous les docteurs et les mandarins firent compliment à Calaf sur son esprit. Enfin les six mandarins qui l'avaient amené au conseil le ramenèrent au même palais où ils l'avaient été prendre, pendant que les autres avec les docteurs s'en allèrent, non sans inquiétude sur la réponse que ferait à sa question la fille d'Altoun-Khan.

VINGT-NEUVIÈME JOUR

La princesse Tourandocte regagna son palais, suivie de deux jeunes esclaves qui étaient dans sa confidence. Dès qu'elle fut dans son appartement, elle ôta son voile, et se jetant sur un sopha, elle donna une libre étendue aux transports qui l'agitaient ; on voyait la honte et la douleur peintes sur son visage ; ses yeux, déjà baignés de pleurs, répandirent de nouvelles larmes ; elle arracha les fleurs qui paraient sa tête et mit ses beaux cheveux en désordre. Ses deux esclaves favorites commencèrent à la vouloir consoler, mais elle leur dit : « Laissez-moi l'une et l'autre, cessez de prendre des soins superflus, je n'écoute rien que mon désespoir, je veux pleurer et m'affliger. Ah ! quelle sera demain ma confusion, lorsqu'il faudra qu'en plein conseil, devant les plus grands docteurs de la Chine, j'avoue que je ne puis répondre à la question proposée !

« Hélas ! poursuivit-elle, ils s'intéressent tous pour le jeune prince : je les ai vus pâles, effrayés, quand il a paru embarrassé ; et je les ai vus pleins de joie lorsqu'il a pénétré le sens de mes questions. J'aurai la mortification cruelle de les voir encore jouir de ma peine quand je me confesserai vaincue !

— Ma princesse, lui dit une des esclaves, au lieu de vous chagriner par avance, au lieu de vous représenter la honte que vous devez avoir demain, ne feriez-vous pas mieux de la prévenir ? Ce qu'il vous a proposé est-il si difficile que vous n'y puissiez répondre ? Avec le

génie et la pénétration que vous avez, n'en
sauriez-vous venir à bout? — Non, dit Tourandocte, c'est une chose impossible. Il me demande comment se nomme le prince qui, après
avoir souffert mille fatigues et mendié son
pain, est en ce moment comblé de joie et de
gloire? Je conçois bien qu'il est lui-même ce
prince, mais, ne le connaissant point, je ne
puis dire son nom.

— Je sais bien, madame, dit alors l'autre
esclave favorite, qu'aucun homme n'est digne
de vous; mais il faut convenir que celui-ci a un
mérite singulier; sa beauté, sa bonne mine et
son esprit doivent vous parler en sa faveur. —
Je lui rends justice, interrompit la princesse;
s'il est quelque prince au monde qui mérite
que je le regarde d'un œil favorable, c'est celui-
là. Tantôt même, je le confesse, avant que de
l'interroger, je l'ai plaint; j'ai soupiré en le
voyant, et, ce qui jusqu'à ce jour ne m'était
pas arrivé, peu s'en est fallu que je n'aie souhaité qu'il répondît bien à mes questions. Il est
vrai que dans le moment j'ai rougi de ma fai-
blesse, mais ma fierté l'a surmontée, et les
réponses justes qu'il m'a faites ont achevé
de me révolter contre lui; tous les applaudis-
semens que les docteurs lui ont donnés m'ont
tellement mortifiée, que je n'ai plus senti et ne

sens plus encore pour lui que des mouvemens de haine.

A ces mots, elle redoubla ses pleurs, et, dans la violence de ses transports, elle n'épargna ni ses cheveux, ni ses habits; elle porta même plus d'une fois la main sur ses belles joues pour les déchirer et pour punir ses charmes, comme premiers auteurs de la confusion qu'elle avait essuyée, si ses esclaves, qui veillaient sur sa fureur, n'en eussent sauvé son visage; mais elles avaient beau s'empresser à la secourir, elles ne pouvaient calmer son agitation.

TRENTIÈME JOUR

Pendant qu'elle était dans cet état affreux, le prince des Nogaïs, conduit par des eunuques qui portaient dans des flambeaux d'or des bougies de serpent, se préparait à goûter la douceur du sommeil, autant que l'impatience de retourner au divan le lui pourrait permettre, lorsqu'en entrant dans son appartement il y trouva une jeune dame revêtue d'une robe de brocart rouge à fleurs d'argent, fort ample, par-dessus une autre plus étroite de satin blanc tout brodé d'or, et parsemée de rubis et d'émeraudes. Elle avait un bonnet d'un simple

taffetas de couleur de rose garni de perles, et
relevé d'une broderie d'argent fort légère, qui
ne lui couvrait que le haut de la tête, et laissait voir de très beaux cheveux bien bouclés,
et mêlés de quelques fleurs artificielles ; à l'é-
gard de sa taille et de son visage, on ne pouvait
rien voir de plus beau ni de plus parfait après
la princesse de la Chine.

Le fils de Timurtasch fut assez surpris de
rencontrer au milieu de la nuit une dame seule
et si charmante dans son appartement. Il ne
l'aurait pas impunément regardée, s'il n'eût
vu Tourandocte, mais un amant de cette princesse pouvait-il avoir des yeux pour une autre ?
Sitôt que la dame aperçut Calaf, elle se leva
de dessus un sopha où elle était assise, et sur lequel elle avait mis son voile ; et après avoir fait
une inclination de tête assez basse : « Prince,
dit-elle, je ne doute pas que vous ne soyez fort
étonné de trouver ici une femme, car vous
n'ignorez pas, sans doute, qu'il est défendu
sous de très-rigoureuses peines, aux hommes et
aux femmes qui habitent ce sérail, d'avoir ensemble quelque communication ; mais l'im-
portance des choses que j'ai à vous dire m'a
fait mépriser tous les périls ; j'ai eu l'adresse et
le bonheur de lever tous les obstacles qui s'op-
posaient à mon dessein ; j'ai gagné les eunuques

qui vous servent, enfin je me suis introduite dans votre appartement. Il ne me reste plus qu'à vous dire ce qui m'amène, et c'est ce que vous allez entendre :

« Seigneur, je crois devoir commencer par vous apprendre que je suis fille d'un khan tributaire d'Altoun-Khan. Mon père, il y a quelques années, fut assez hardi pour refuser de payer le tribut ordinaire, et, se fiant un peu trop à son expérience dans l'art militaire ainsi qu'à la valeur de ses soldats, il se mit en état de se défendre si on le venait attaquer. Cela ne manqua pas d'arriver. Le roi de la Chine, irrité de son audace, envoya contre lui le plus habile de ses généraux avec une puissante armée. Après un sanglant combat qui se donna sur le bord d'un fleuve, le général chinois demeura victorieux. Mon père, percé de mille coups, mourut pendant l'action ; mais, en mourant, il ordonna qu'on jetât dans le fleuve ses femmes et ses enfans pour les préserver de l'esclavage. Ceux qu'il chargea de cet ordre généreux, mais inhumain, l'exécutèrent ; ils me précipitèrent dans l'eau avec ma mère, mes sœurs, et deux frères que leur enfance retenait auprès de nous. Le général chinois arriva dans le moment à l'endroit du fleuve où l'on nous avait jetés et où nous achevions notre misérable destinée. Ce triste et horrible spectacle excita sa compassion ; il promit une récompense à ceux de ses soldats qui sauveraient quelque reste de la famille du khan vaincu. Plusieurs cavaliers chinois, malgré la rapidité du fleuve, y entrèrent aussitôt et poussèrent leurs chevaux partout où ils voyaient flotter nos corps mourans. Ils en recueillirent une partie. Le général prit grand soin de mes jours, comme si sa gloire en eût eu besoin et que ma captivité eût donné un nouvel éclat à sa victoire. Il m'amena dans cette ville et me présenta au roi après lui avoir rendu compte de sa conduite. Altoun-Khan me mit auprès de la princesse sa fille, qui est de deux ou trois années plus jeune que moi.

« Quoique je ne fusse pas encore sortie de l'enfance, je ne laissais pas de penser que j'étais devenue esclave et que je devais avoir des sentimens conformes à ma situation. Ainsi j'étudiai l'humeur de Tourandocte, je m'attachai à lui plaire, et je fis si bien par ma complaisance et par mes soins, que je gagnai son amitié. Depuis ce temps-là, je partage sa confidence avec une jeune personne d'une naissance illustre, que les malheurs de sa maison ont aussi réduite à l'esclavage.

« Pardonnez-moi, seigneur, poursuivit-elle, ce récit qui n'a rien de commun avec le sujet qui me conduit ici. J'ai cru devoir vous apprendre que je suis d'un sang noble pour vous faire prendre plus de confiance en moi, car le rapport important que j'ai à vous faire est tel, qu'une simple esclave pourrait trouver peu de créance dans votre esprit ; je ne sais même si, quoique fille de khan, je vous persuaderai : un prince charmé de Tourandocte ajoutera-t-il foi à ce que je vais lui dire d'elle ? — De grâce, interrompit en cet endroit le fils de Timurtasch, ne me tenez pas davantage en suspens ; apprenez-moi ce que vous avez à me dire de la princesse de la Chine. — Seigneur, reprit la dame, Tourandocte, la barbare Tourandocte, a formé le dessein de vous faire assassiner. »

TRENTE ET UNIÈME JOUR

« Prince, lui dit la dame, voici de quelle manière elle a pris cette horrible résolution. Ce matin, quand elle est sortie du divan, où j'étais derrière son trône, elle avait un dépit mortel de ce qui venait de se passer ; elle est revenue dans son appartement, agitée des plus vifs mouvemens de haine et de rage ; elle a rêvé longtemps à la question que vous lui avez proposée, et, n'y pouvant trouver de réponse à son gré, elle s'est abandonnée au désespoir. Je n'ai rien épargné, non plus que l'autre esclave favorite, pour calmer la violence de ses transports ; nous avons fait même tout notre possible pour lui inspirer des sentimens plus favorables pour vous ; nous lui avons vanté votre bonne mine et votre esprit, et nous lui avons représenté qu'au lieu de s'affliger sans modération, elle devait plutôt se déterminer à vous donner sa main ; mais elle nous a imposé silence par un torrent de mots injurieux qui lui sont échappés contre les hommes. « A l'égard de celui qui se présente, j'ai encore plus de haine pour lui que pour les autres, a-t-elle dit, et, puisque je ne saurais m'en délivrer autrement que par un assassinat, je veux le faire assassiner. »

« Nous avons combattu ce dessein détestable, continua la princesse esclave, mais tous nos discours ont été inutiles, nous n'avons pu la détourner de son entreprise. Elle a chargé des eunuques affidés du soin de vous ôter la vie demain matin, lorsque vous sortirez de votre palais pour vous rendre au divan.

— O princesse inhumaine, perfide Tourandocte, s'écria le prince des Nogaïs, est-ce ainsi que vous vous préparez à couronner la tendresse du malheureux fils de Timurtasch ! Calaf vous a donc paru bien horrible, puisque vous aimez mieux vous en défaire par un crime qui va vous déshonorer que de joindre votre destinée à la sienne! — Seigneur, lui dit la dame esclave, si le Ciel vous fait éprouver des malheurs, il ne veut pas du moins que vous y succombiez, puisqu'il vous avertit des périls qui vous menacent. Oui, prince, c'est lui qui m'a sans doute inspiré la pensée de vous sauver, car je ne viens pas seulement vous découvrir un piège dressé contre vos jours, je viens vous donner les moyens de l'éviter. Par l'entremise de quelques eunuques qui me sont dévoués, j'ai gagné des soldats de la garde qui vous faciliteront la sortie du sérail. Comme, après votre retraite, on ne manquera pas de faire des perquisitions et d'apprendre que j'en suis l'auteur, j'ai résolu de partir avec vous pour m'éloigner de cette cour où j'ai plus d'un sujet d'ennui; mon esclavage me la fait haïr, et vous me la rendez encore plus odieuse.

« Il y a, continua-t-elle, dans un endroit de cette ville, des chevaux qui nous attendent; partons et gagnons, s'il est possible, les terres de la tribu de Berlas. Le sang me lie avec le prince Alinguer qui en est le souverain; il aura une extrême joie de voir sa parente hors des fers du superbe Altoun-Khan, et il vous recevra comme mon libérateur. Nous vivrons tous deux sous ses tentes, plus tranquilles et plus heureux qu'ici ; moi, dégagée des liens de ma captivité, j'y jouirai d'un sort plus doux, et vous, seigneur, vous y pourrez trouver quelque princesse assez belle pour mériter d'être aimée, et qui, bien loin d'attenter à votre vie pour ne pas devenir votre femme, ne sera occupée que du soin de vous plaire, si elle peut faire le bonheur d'un prince tel que vous. Ne perdons point de temps, allons, et que demain le soleil en commençant sa course nous trouve déjà bien éloignés de Pékin. »

Calaf répondit : « Belle princesse, j'ai mille grâces à vous rendre de m'avoir voulu délivrer du danger où je suis. Mais, dites-moi, dois-je ainsi disparaître aux yeux d'Altoun-Khan ? Que penserait-il de moi ? Il croirait que je ne serais venu dans sa cour que pour vous enlever ; et, dans le temps que je ne fuirais que pour épargner un crime à sa fille, il m'accuserait d'avoir violé les droits de l'hospitalité ; d'ailleurs, faut-il vous l'avouer, toute barbare qu'est la princesse de la Chine, mon lâche cœur ne saurait la haïr ! Je l'adore, je suis dévoué à toutes ses volontés, et, puisqu'elle veut m'immoler, la victime est toute prête. »

La dame esclave, voyant le prince des Nogaïs dans la résolution de mourir plutôt que de

partir avec elle, se prit à pleurer en lui disant :
« Est-il possible, seigneur, que vous préfériez la
mort à la reconnaissance d'une princesse captive
dont vous pouvez briser les fers ? Qu'un aveugle
amour ne vous fasse point mépriser un péril
qui m'alarme : cédez à la crainte qui m'agite
pour vous, et tous deux, sans différer, sortons
de ce sérail où je souffre un cruel tourment.

— Ma princesse, repartit à ces paroles le
fils de Timurtasch, quelque malheur qui me
doive arriver, je ne puis me résoudre à une si
prompte fuite. Vous avez, je l'avoue, de quoi
payer votre libérateur et lui faire un destin
plein de charmes; mais je ne suis pas né pour
être heureux : mon sort est d'aimer Tourandocte; malgré l'horreur qu'elle a pour moi,
je ne ferais, loin de ses yeux, que traîner des
jours languissans... — Eh bien! ingrat, demeure, interrompit brusquement la dame en
se levant, ne t'éloigne pas de ce séjour qui fait
tes délices, quand tu devrais l'arroser de ton
sang. Je ne te presse plus de partir, la fuite te
déplaît avec une esclave; si tu vois le fond de
mon cœur, je lis dans le tien : quelque ardeur
que t'inspire la princesse de la Chine, tu as
moins d'amour pour elle que d'aversion pour
moi. » En achevant ces mots, elle remit son
voile et sortit de l'appartement de Calaf.

 Ce jeune prince, après le départ de la dame, passa le reste de la nuit à se livrer aux plus affligeantes réflexions. Enfin le jour parut, le son des cloches et le bruit des tambours se firent entendre, et bientôt six mandarins le vinrent prendre, comme le jour précédent, pour le mener au conseil. Il traversa la cour, où des soldats de la garde du roi étaient en haie; il crut qu'il laisserait la vie en cet endroit, et que sans doute les gens dont on avait fait choix pour l'assassiner l'attendaient au passage. Loin de se tenir sur ses gardes et de songer à se défendre, il marchait comme un homme résolu à la mort, et semblait même accuser de lenteur ses assassins. Il passa pourtant la cour sans que personne l'attaquât, et il arriva dans la première salle du divan. « Ah! c'est sans doute ici, disait-il en lui-même, que l'ordre de la princesse doit être exécuté! » En même temps, il regardait de tous côtés, et chaque personne qu'il voyait lui paraissait son meurtrier.

Tous les docteurs et les mandarins étaient déjà sous leurs pavillons, et Altoun-Khan allait paraître. « Quel est donc le dessein de la princesse, dit-il alors en lui-même? Veut-elle être témoin de ma mort, et veut-elle me faire assassiner aux yeux de son père? Le roi serait-il complice de cet attentat? Que dois-je penser? Aurait-elle changé de sentiment et révoqué l'arrêt de mon trépas? » Tandis qu'il était dans cette incertitude, la porte du palais intérieur s'ouvrit, et le roi, accompagné de Tourandocte, entra dans la salle. Ils se placèrent sur leurs trônes, et le prince des Nogaïs se tint debout devant eux et à la même distance que le jour précédent.

Le colao, dès qu'il vit le roi assis, se leva et demanda au jeune prince s'il se ressouvenait d'avoir promis de renoncer à la princesse, si elle répondait à la question qu'il lui avait proposée. Calaf fit réponse que oui, et protesta de nouveau qu'à cette condition il cesserait de prétendre à l'honneur d'être gendre du roi. Le colao ensuite adressa la parole à Tourandocte. « Et vous, grande princesse, lui dit-il, vous savez quel serment vous lie et à quoi vous êtes soumise si vous ne nommez pas aujourd'hui le prince dont on vous a demandé le nom. »

Le roi, persuadé qu'elle ne pouvait répondre à la question de Calaf, lui dit : « Ma fille, vous avez eu tout le temps de rêver à ce qu'on vous a proposé; mais quand on vous donnerait une

année entière pour y penser, je crois que
malgré votre pénétration vous seriez obligée
d'avouer à la fin que c'est une chose impénétrable pour vous. Ainsi, puisque vous ne sau-
riez la deviner, rendez-vous de bonne grâce à
l'amour de ce jeune prince, et satisfaites l'envie que j'ai de le voir votre époux; il est digne
de l'être et de régner avec vous après moi sur
les peuples de la Chine. — Seigneur, dit Tourandocte, pourquoi vous imaginez-vous que
je ne saurais répondre à la question de ce
prince? Cela n'est pas si difficile que vous le
pensez; si j'eus hier la honte d'être vaincue,
je prétends avoir aujourd'hui l'honneur de
vaincre. Je vais confondre ce jeune téméraire
qui a eu trop mauvaise opinion de mon esprit.
Qu'il me fasse sa question, et j'y répondrai! »

« Madame, dit alors le prince des Nogaïs, je
vous demande quel est le nom du prince qui,
après avoir souffert mille fatigues et mendié
son pain, se trouve en ce moment comblé de
joie et de gloire? — Ce prince, repartit Tourandocte, se nomme Calaf et il est le fils de Timurtasch. » Aussitôt que Calaf entendit prononcer
son nom, il changea de couleur; ses yeux se
couvrirent d'épaisses ténèbres, et il tomba
tout à coup sans sentiment. Le roi et toute
l'assemblée, jugeant par là que Tourandocte

avait effectivement nommé le prince dont on lui demandait le nom, pâlirent et demeurèrent dans une grande consternation.

TRENTE-TROISIÈME JOUR

Après que le prince Calaf fut revenu de son évanouissement par les soins des mandarins et du roi même, qui était descendu de son trône pour le secourir, il adressa la parole à Tourandocte : « Belle princesse, lui dit-il, vous êtes dans l'erreur si vous croyez avoir bien répondu à ma question; le fils de Timurtasch n'est point comblé de joie et de gloire; il est plutôt couvert de honte et accablé de douleur.

— Je conviens, dit la princesse, que vous n'êtes point comblé de joie et de gloire en ce moment; mais vous l'étiez quand vous m'avez proposé votre question : ainsi, prince, au lieu d'avoir recours à de vaines subtilités, avouez de bonne foi que vous avez perdu les droits que vous aviez sur Tourandocte. Je puis donc vous refuser ma main et vous abandonner au regret de l'avoir manquée : cependant, je veux bien vous l'apprendre et le déclarer ici publiquement, je suis dans une autre disposition à votre égard; l'amitié que le roi mon père a conçue pour vous, et votre mérite particulier, me déterminent à vous prendre pour époux. »

A ce discours, la salle du divan retentit de mille cris de joie. Les mandarins et les docteurs applaudirent aux paroles de la princesse; le roi s'approcha d'elle, l'embrassa et lui dit : « Ma fille, vous ne pouviez prendre une résolution qui me fût plus agréable : par là, vous effacerez la mauvaise impression que vous avez faite sur l'esprit de mes peuples, et vous donnerez à un père la satisfaction qu'il attendait de vous depuis longtemps et qu'il désespérait d'avoir jamais. Oui, l'aversion que vous aviez pour tous les hommes, cette aversion si contraire à la nature, m'ôtait la douce espérance de voir naître de vous des princes de mon sang. Heureusement, cette haine finit aujourd'hui son cours; et, ce qui met le comble à mes souhaits, vous venez de l'éteindre en faveur d'un jeune héros qui m'est cher. Mais apprenez-nous, ajouta-t-il, comment vous avez pu deviner le nom d'un prince qui vous était inconnu? — Seigneur, répondit Tourandocte, ce n'est point par enchantement que je l'ai su, c'est par une aventure assez naturelle : une de mes esclaves a été trouver le prince Calaf et a eu l'adresse de lui arracher son secret; il doit me pardonner d'avoir profité de cette trahison, puisque je n'en fais pas un plus mauvais usage.

— Ah! charmante Tourandocte, s'écria le prince des Nogaïs en cet endroit, est-il bien possible que vous ayez pour moi des sentimens si favorables? De quel abîme affreux vous me retirez pour m'élever à la première place du monde! Hélas! que j'étais injuste! Tandis que vous me prépariez un si beau sort, je vous croyais coupable de la plus noire de toutes les perfidies. Trompé par une horrible fable qui avait troublé ma raison, je payais vos bontés de soupçons injurieux. »

Altoun-Khan ordonna les apprêts du mariage de Calaf avec Tourandocte; et pendant qu'on y travaillait, il envoya des ambassadeurs à la tribu de Berlas pour informer le khan des Nogaïs de tout ce qui s'était passé à la Chine et pour le prier d'y venir avec la princesse sa femme.

Les préparatifs étant achevés, le mariage se fit avec toute la pompe et la magnificence qui convenaient à la qualité des époux, et on ne vit à la cour pendant un mois entier que spectacles et que festins, et il y eut aussi dans la ville de grandes réjouissances.

La possession de Tourandocte ne ralentit point l'amour de Calaf, et cette princesse, qui avait jusque-là regardé les hommes avec tant de mépris, ne put se défendre d'aimer un homme si parfait. Quelque temps après leur mariage, les ambassadeurs qu'Altoun-Khan avait envoyés au pays de Berlas revinrent en bonne compagnie : ils avaient avec eux non seulement le père et la mère du gendre de leur roi, mais même le prince Alinguer, qui, pour faire plus d'honneur à Elmaze et à Timurtasch, avait voulu les accompagner avec les plus grands seigneurs de sa cour et les conduire jusqu'à Pékin.

ACHEVÉ
D'IMPRIMER   LE
15 FÉVRIER 1928
SUR LES PRESSES
DE
PIERRE FRAZIER
A PARIS